袁國寶 著

新基建

數字經濟
重構經濟增長新格局

New Infrastructure

基礎設施投資具有乘數效應，能夠帶動 GDP、增加就業、促進國民經濟穩定增長。新一輪工業革命與產業革命正在孕育興起，以大數據、雲計算、物聯網、區塊鏈、人工智能為代表的新一代信息技術紛紛邁向產業化應用階段，打造一套完善的數字化基礎設施成為構建現代化經濟體系，促進中國產業邁向全球化價值鏈中高端的必然選擇。

相比於傳統基建，新基建究竟新在何處？在筆者看來，新基建的"新"主要體現在三大維度：

一是基礎新：新基建關注的是 5G、物聯網、人工智能等底層信息技術的應用，能夠大幅度推進數字化設備的生產和應用。

二是作用新：新基建堪稱新技術與新業態的集合體，能通過對數據的搜集、計算、模擬及反饋等挖掘出一系列的新需求、新市場。

三是模式新：新基建將運用創新性金融手段引導民間資本積極參與建設與運營，轉變傳統基建過度依賴政府投資的投資方式。

目前，鐵路、公路、機場、港口、水利設施等傳統基建對經濟增長的邊際效應在日趨減弱。投資傳統基建將顯著提高鋼鐵、水泥、工程機械等傳統行業需求，如果過度投資，很容易造成產能過剩，同時，傳統基建科技含量相對較低，創造的就業崗位以低附加值的體力勞動崗位為主。

以 5G 基建、特高壓、人工智能等新技術為核心的新基建，迎合了數字化時代的產業升級需要，有助於培育經濟增長新動能，比如：工業互聯網為傳統製造業轉型提供了強有力支持；人工智能促進無人駕駛、無人工廠等新興業態的蓬勃發展；等等。此外，新基建創造的就業崗位主要是高附加值的腦力勞動崗位，有助於推動勞動力質量提升與結構優化，緩解現階段中國大學生就業壓力。

怎麼看待政府部門在推進新基建中扮演的角色呢？如果我們將新基建看作一場馬拉松比賽，政府部門扮演的角色就是賽事組織者，其重點是要劃定路線、組織好安防與裁判團隊，為參賽的運動員們（即參與推進新基建的各類企業）創造公平、公正、健康、有序的競爭環境，而非親自上場參與比賽，這樣才能充分釋放運動員們的活力與創造力，確保賽事活動順利開展，並達到預期目標。

因此，在推進新基建過程中，政府部門除了要在資金、土地、人才等方面為新基建項目提供大力支持外，還要加快完善知識產權保護機制、補齊公共服務短板、優化營商環境、發展多層次資本市場等。

為加快推進新基建，各地方政府紛紛出台了戰略規劃，以 5G 建設為例，重慶市發佈的《關於推進 5G 通信網建設發展的實施意見》中指出，2020 年，重慶市將實現基於路燈杆、監控杆、標識杆等社會杆塔設施資源的"多杆合一"；成都市發佈的《成都市促進 5G 產業加快發展的若干政策措施》中指出，將 5G 基礎設施建設列入各級政府年度重點工作，細化分解到具體單位並抓好落實；等等。

那麼，作為市場主體的企業，又應該如何參與到新基建之中呢？筆者認為，企業應該結合自身的發展現狀與面臨的競爭環境，將"數字化""智能化"逐漸滲透到生產、包裝、營銷、物流、管理等環節之中，這無疑是企業發力新基建的有效切入點。

基於以上分析，本書以新基建為研究主題，從 5G 基建、特高壓、城際高速鐵路和城際軌道交通、新能源汽車充電樁、大數據中心、人工智能、工業互聯網、衛星互聯網八大部分對推進新基建的戰略規劃、工作重點、實施策略等進行詳細分析，冀望能給傳統企業、互聯網企業、電信運營商等提供有效參考與幫助，也能給廣大讀者帶去啟發與思考。

本書強調，數字化正在成為一種生產方式，而新基建是信息數字化的基礎設施，也是繁榮數字經濟的基石，兼具穩增長與促創新的雙重功能。構建智能世界的數字底座，打造智慧化新基建，將開啟中國新一輪的經濟上升周期！

於北京

2020 年 4 月

Contents
目　錄

第一部分

新基建

第 1 章

新基建：新一輪政策紅利來臨

新基建·新紅利·新機遇

2020 年 3 月 4 日，中共中央政治局常務委員會召開會議。會議強調，加快推進國家規劃的重大工程與基礎設施建設，尤其是 5G 網絡、數據中心等新型基礎設施建設。這些事關國家發展的工程與項目早在 2019 年的中央經濟工作會議中就做出了安排，為保證 2020 年的經濟穩定增長，這些項目需盡快啟動。新型基礎設施建設備受社會各界關注。

一、國之重器：新型基礎設施建設

新型基礎設施是一個與傳統基礎設施相對的概念。傳統基礎設施指的是鐵路、公路、機場、港口、水利設施等項目，又稱"鐵公基"，在中國經濟發展過程中發揮了極其重要的基礎性作用。但隨著社會經濟不斷發展，"鐵公基"已無法滿足經濟、社會發展需求，新型基礎設施建設應運而生。

新型基礎設施建設（簡稱"新基建"）以 5G、人工智能、工業互聯網、物聯網、衛星互聯網為代表，從本質上看，新型基礎設施建設指的就是信息數字化基礎設施建設，可為傳統產業朝網絡化、數字化、智能化方向發展提供強有力的支持，涉及通信、電力、交通、數字等多個行業的多個領域，如 5G 基建、特高壓、城際高速鐵路和城際軌道交通、新能源汽車充電樁、大數據中心、人工智能、工業互聯網等，如表 1-1 所示。由此可見，新型基礎設施建設直接關係著未來的國計民生，是名副其實的"國之重器"。

表 1-1　新基建的細分領域及應用

	領域	應用
新基建	5G 基建	工業互聯網、車聯網、物聯網、企業上雲、人工智能、遠程醫療等
	特高壓	電力等能源行業
	城際高速鐵路和城市軌道交通	交通行業
	新能源汽車充電樁	新能源汽車
	大數據中心	金融、安防、能源等領域及個人生活方面（包括出行、購物、運動、理財等）
	人工智能	智能家居、服務機器人、移動設備、自動駕駛
	工業互聯網	企業內部的智能化生產、企業之間的網絡化協同、企業與用戶之間的個性化定製、企業與產品的服務化延伸
	衛星互聯網	通信、軍事、定位服務、跟蹤天氣情況

二、新基建政策的由來與發展

中國政府對新基建的關注與討論由來已久。新型基礎設施建設這一概念最早出現在 2018 年 12 月召開的中央經濟工作會議上，會議強調"加快 5G 商用步伐，加強人工智能、工業互聯網、物聯網等新型基礎設施建設"。此後，關於新基建的政策陸續出台，新基建引起了社會各界的廣泛關注。

2020 年 3 月 4 日，為保證社會經濟的平穩運行，中共中央政治局常務委員會再次提出"加快 5G 網絡、數據中心等新型基礎設施建設"，充分體現了中國政府對新基建的高度重視。從 2018 年到 2020 年，中國政府圍繞新基建發佈了很多政策與規劃，其內容如表 1-2 所示。

表 1-2　國家新基建政策規劃與主要內容

時間	會議	主要內容
2018 年 12 月 19 日	中央經濟工作會議	要發揮投資關鍵作用，加大製造業技術改造和設備更新，加快 5G 商用步伐，加強人工智能、工業互聯網、物聯網等新型基礎設施建設
2019 年 3 月 5 日	政府工作報告	加大城際交通、物流、市政、災害防治、民用和通用航空等基礎設施投資力度，加強新一代信息基礎設施建設
2019 年 7 月 30 日	中央政治局會議	穩定製造業投資，實施城鎮老舊小區改造、城市停車場、城鄉冷鏈物流設施建設等補短板工程，加快推進信息網絡等新型基礎設施建設
2019 年 12 月 10 日	中央經濟工作會議	加強戰略性、網絡型基礎設施建設，推進川藏鐵路等重大項目建設，穩步推進通信網絡建設
2020 年 1 月 3 日	國務院常務會議	大力發展先進製造業，出台信息網絡等新型基礎設施投資支持政策，推進智能、綠色製造
2020 年 2 月 14 日	中央全面深化改革委員會第十二次會議	基礎設施是經濟社會發展的重要支撐，要以整體優化、協同融合為導向，統籌存量和增量、傳統和新型基礎設施發展，打造集約高效、經濟適用、智能綠色、安全可靠的現代化基礎設施體系

時間	會議	主要內容
2020 年 2 月 21 日	中央政治局會議	加大試劑、藥品、疫苗研發支持力度，推動生物醫藥、醫療設備、5G 網絡、工業互聯網等加快發展
2020 年 3 月 4 日	中央政治局會議	要加快 5G 網絡、數據中心等新型基礎設施建設進度
2020 年 4 月 20 日	國家發改委	首次就"新基建"概念和內涵作出正式的解釋，明確了新基建主要包括信息基礎設施、融合基礎設施以及創新基礎設施等三大領域，將衛星互聯網作為信息基礎設施納入其中

三、新基建驅動傳統產業轉型升級

從目前的形勢看，現在是推動新型基礎設施建設的良機，無論科技水平還是商業模式都為新型基礎設施建設提供了良好的條件。同時，新基建的發展也將反作用於科技、商業，促進科技進步，推動商業模式革新，促使民眾消費習慣發生巨大轉變，使"基建"與"產業"形成良性互動。

（1）基建補短板所產生的作用與傳統基建相似，都可以直接拉動軌道交通、醫療養老、公共設施等行業發展，並對工程機械、水泥建材等行業發展產生間接促進作用。對於交通運輸、農村基礎設施和公共服務設施建設來說，新基建也具有補短板的功能，不僅可以帶動軌道交通、醫療養老、舊改、文體等行業發展，還能通過產業鏈傳導，給建築業、工程機械、水泥建材等上游行業帶來發展機會。

（2）從狹義範圍來看，新基建指的就是 5G、大數據、人工智能、工業互聯網等項目建設，其關鍵在於可以推動傳統產業朝數字化、網絡化、智能化方向轉型升級。基於這一特點，新基建不僅可以對相關行業發展產生直接促進作用，還能帶動上下游產業發展，使電子信息設備製造業、信息傳輸服務業、軟件信息技術服務業等行業受益。另外，隨著工業互聯網建設不斷推進，工業企業內部也將實現網絡化、信息化改造，工業企業的生產效率也將實現大幅提升。

四 "新" 詮釋新基建

據 21 數據新聞實驗室數據，截至 2020 年 3 月 5 日，24 個省（區、市）公佈了未來的投資計劃，2.2 萬個項目總投資額達 48.6 萬億元，其中 2020 年度計劃投資總規模近 8 萬億元。

當前，中國生產與需求明顯減弱，2020 年第一季度經濟增長速度下滑嚴重，甚至有可能出現負增長，其中餐飲、交通、旅遊、住宿等行業受到的影響最為嚴重。2020 年 2 月，官方製造業、非製造業及 PMI 指數[1] 均創歷史新低，非製造業 PMI 跌破 30%，嚴重程度遠超 2008 年金融危機。

製造業投資、房地產投資、基建投資構成了固定資產投資的三大主體。當前，中國製造業投資需求減弱，投資額可能出現負增長。房地產行業開工、銷售均延期，投資額顯著下降。在嚴禁炒房、嚴防房地產泡沫的政策環境下，很難通過全面放開房地產政策拉動投資需求。於是，基建投資變成拉動投資的關鍵。

與過去的基建投資不同，新基建投資的重點在於補短板、穩增長、穩就業、全面釋放經濟增長潛力，打造長期競爭力。具體來看，新基建的 "新" 主要表現在以下四個方面，如圖 1-1 所示。

1　PMI 指數（Purchasing Managers' Index），中文譯作 "採購經理指數"，是指通過對採購經理的月度調查彙總出來的指數，能夠反映經濟的變化趨勢。

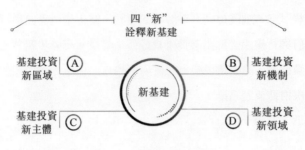

圖 1-1　新基建的四大體現

一、基建投資新區域

從投資空間看，中國基礎設施建設的增長空間極大。2019 年底，中國城鎮化率突破 60%，成績雖然顯著，但距離發達國家的 80% 還有一些差距，說明中國城鎮化建設還有很大的空間，未來仍需提速。

從人口流動看，未來，城市群、都市圈將會聚更多人口，這些區域將成為基建投資的重點。據預測，城鎮化將加速長三角、粵港澳、京津冀、長江中游、成渝、關中平原、中原城市群等 7 個主要城市群發展，導致這些地區的基礎設施出現重大缺口。除此之外，隨著鄉村振興戰略不斷推進，農村地區也將釋放出巨大的基建需求。

二、基建投資新機制

過去，中國基礎設施建設的融資渠道比較單一，主要是地方政府舉債，存在隱性的債務風險。未來，基礎設施建設投資需要建立新機制，一邊拓展融資渠道，一邊加大中央財政支持力度。

在拓展融資渠道方面，為了構建多元化的融資渠道，政府需要與行業攜手規範、完善 PPP（Public–Private–Partnership，即政府和社會資本合作）融資模式，增加 PPP 項目的數量，提高 PPP 項目供給質量和效率。同時，政府與行業還需探索其他融資模式，吸引更多資本進入，創建全新的基建投資機制，真正形成多元化的融資模式。

在中央財政支持方面，目前，中國政府整體負債水平不高，中央政府槓桿率較低，為緩解地方財政壓力，可以適度提升中央政府的槓桿率，擴大基建投資規模。

三、基建投資新主體

過去，在中國的基建投資中，政府是投資主體，佔據著主導地位。未來，中國基建領域將吸引更多社會資本進入，投資主體將變得多元化。為了做到這一點，政府需要推進市場化改革，降低基建投資的市場准入門檻，減少對民營資本的限制。對於那些收益可觀的項目，要鼓勵其面向市場，歡迎民間資本進入，平等地看待所有投資主體。政府要全面實施市場准入負面清單制度，列入清單以外的行業、領域，允許各類市場主體依法進入，並保證各市場主體享有同等權利與責任。

四、基建投資新領域

新基建以強戰略性、網絡型基礎設施建設為重點，將有助於消費升級、產業升級的領域視為投資熱點，以期藉此為結構轉型與產業升級提供基礎性支持，促進新業態、新產業、新服務不斷發展。具體來看，新基建的投資領域包括信息通信、5G 等基礎網絡建設，生態綠化、水和大氣污染治理等環保基礎設施建設，教育、醫療、文體等民生保障項目，市政管網、城市停車場、冷鏈物流等市政工程建設，農村公路、水利、文衛等農業農村設施建設，等等。

新基建的八大部分

一、5G 基建

作為移動通信領域變革的焦點以及 "經濟發展新動能"，5G 已成為新型基礎設施建設的重點領域。無論從未來可承接的產業規模來看，還是從對新興產業的技術支持來看，5G 都非常值得期待。

目前，中國幾大戰略性新興產業的發展都要立足於 5G，如工業互聯網、車聯網、企業上雲、人工智能、遠程醫療等。再加上 5G 輻射的領域本身就極廣，包括網絡規劃、無線主設備及傳輸設備、終端設備、運營商，甚至延伸到了消費領域。由此可見，投建 5G 基礎設施建設的意義重大。5G 基建相關產業鏈如表 1–3 所示。

表 1-3　5G 基建相關產業鏈

	產業鏈	細分產業鏈
5G 基建	網絡規劃	
	無線主設備及傳輸設備	小基站、天線、鐵塔
		基站射頻、濾波器
		SDN/NFV
		光纖光纜
	無線主設備及傳輸設備	光模塊
		光通信設備
	終端設備	終端天線、濾波器
		終端射頻材料
	運營商	

二、特高壓

特高壓指的是 ±800 千伏及以上的直流電和 1000 千伏及以上的交流電，特高壓電網建設可有效提升電網傳輸能力。中國特高壓電網建設始於1986 年，是全球唯一一個將特高壓輸電項目投入商業運營的國家。雖然截至目前，中國特高壓電網建設已有 30 多年，但發展空間依然很大。根據《國家電網 2020 年重點電網項目前期工作計劃》，2020 年有望核准 7 條特高壓線路、開工 8 條特高壓線路，全年特高壓建設項目明確投資規模1128 億元。並且，國家電網已面向社會招標，鼓勵社會資本進入，以拓展融資渠道，保證特高壓建設的持續性、穩定性。特高壓相關產業鏈如表1-4 所示。

表 1-4　特高壓相關產業鏈

	產業鏈	細分產業鏈
特高壓	直流特高壓	換流閥、控制保護、換流變壓器、互感器、直流斷路器、高壓電抗器、電容器、高壓組合、斷路器、避雷器
	交流特高壓	GIS、特高壓變壓器、特高壓抗壓器、550kV 組合電器、互感器、斷路器和隔離開關、電容器、避雷器、變電站監控

三、城際高速鐵路和城際軌道交通

近幾年，中國高鐵快速發展，運營里程不斷增加，不僅構成了中國交通的大動脈，而且成為中國的一張"新名片"。與此同時，軌道交通也在城市化過程中扮演了非常重要的角色。目前，無論高鐵還是軌道交通，都有諸多項目正在等待落地。尤其是軌道交通，即便北京、上海、廣州等軌道交通比較發達的城市，對於軌道交通也提出了較高的需求。

從產業方向來看，高鐵與軌道交通都有極長的產業鏈條，涵蓋了原材料、機械、電氣設備、公用事業和運輸服務等多個領域，在推動社會發展，構建智能化、數字化交通方面發揮了極其重要的作用。城際高速鐵路和城際軌道交通相關產業鏈如表 1–5 所示。

表 1-5　城際高速鐵路和城際軌道交通相關產業鏈

	產業鏈		細分產業鏈
城際高速鐵路和城際軌道交通	上游	原材料	鐵軌、鐵路配件、軌道工程
		基礎建築	·工程機械（挖掘機、泵車等） ·基礎建築、土木工程 ·橋、路、隧道、高架、項目承接
	中游	機械設備	機車車體、零部件、輔助設備
		電氣設備	牽引供電工程、通信、變電站、變壓站
	下游	公用事業	城軌運營
		運輸服務	物流、客貨運輸
		其他	航空、公路、港口

四、新能源汽車充電樁

新能源汽車產業的發展離不開充電樁。據統計，截至 2019 年 10 月，中國充電樁（公共充電樁＋私人充電樁）數量達到 114.4 萬個，同比增長 66.7%。看似數量極多、增長速度極快，但中國新能源汽車與充電樁的比例與理論水平還有很大差距，這說明中國充電樁還有很大的缺口。

根據《電動汽車充電基礎設施發展指南（2015—2020 年）》的要求，到 2020 年，中國要新增 1.2 萬座集中式充換電站，480 萬台分散式充電椿，以滿足數量不斷遞增的新能源汽車的充電需求，整個充電椿產業存在廣闊的發展空間。新能源汽車充電椿相關產業鏈如表 1-6 所示。

表 1-6　新能源汽車充電椿相關產業鏈

	產業鏈		細分產業鏈
新能源汽車充電椿	上游	設備生產商	殼體、底座、插頭插座、線纜、充電模塊或充電機、其他
	中游	充電運營商	充電椿、充電站、充電平台
	下游	整體解決方案商	新能源汽車整車企業

五、大數據中心

在信息時代，大數據中心建設至關重要。未來，新興產業發展需要依託各種數據資源，而數據資源的收集、存儲、處理、應用等都離不開大數據中心的支持。大數據中心建設不僅有助於行業轉型，而且可以帶動企業上 "雲"。

目前，建設大數據中心已經成為大勢所趨。據市場研究機構 Synergy Research 發佈的調查數據，全球頂級雲計算服務提供商要想保持競爭優勢，在市場競爭中始終佔據有利地位，每家公司每個季度至少要在基礎設施建設領域投入 10 億美元的資金。而全球數據總量每隔 18 個月就會翻倍，數據增長速度遠遠高於大數據中心的建設速度。

除此之外，5G、產業互聯網、人工智能等新興產業的快速發展也對大數據中心建設提出了較高的要求。大數據中心產業鏈如表 1-7 所示。

表 1-7 大數據中心產業鏈

	產業鏈	細分產業鏈
大數據中心	基礎設施	IT 設備、電源設備、制冷設備、油機、動環監控
	IDC 專業服務	IDC 集成服務、IDC 運維服務
	雲服務商	運營商、雲計算廠商、第三方服務商
	應用廠商	互聯網行業、金融行業、傳統行業（如能源等）、軟件行業

六、從某種程度上說，未來就是人工智能的時代

從宏觀層面來講，作為一項戰略性技術，人工智能對科技革命、產業變革、社會變革發揮著極其重要的引領作用，對社會、經濟、政治格局產生著深遠影響。目前，中國政府對人工智能給予了高度重視，針對人工智能的發展出台了一系列政策。

從產業發展來看，過去幾次科技革命與產業革命積累了巨大的能量，作為新一輪產業革命的核心驅動力，在人工智能的作用下，這些力量將得以全面釋放。同時，在探索人工智能應用場景的過程中，包括生產、分配、交換、消費在內的經濟活動的各個環節都將得以重構，從而催生出一系列新產品、新技術、新產業。

根據國家規劃，到 2020 年，中國人工智能技術與應用要達到世界先進水平，人工智能產業要成為新的經濟增長點。為實現這一目標，人工智能必將成為新基建的重要領域。人工智能相關產業鏈如表 1-8 所示。

表 1-8　人工智能相關產業鏈

	產業鏈		細分產業鏈
人工智能	底層硬件	AI 芯片	雲端訓練、雲端推理、設備端推理
		視覺傳感器	激光雷達、毫米波雷達、監控攝像頭、自動駕駛攝像頭、3D 體感
	通用 AI 技術及平台	計算機視覺	人臉識別、語音識別、視覺識別
		雲平台 /OS/ 大數據服務	大數據服務、雲計算服務、OS、物聯網平台

七、工業互聯網

中國要想完成從“製造大國”向“製造強國”的轉變，要想完成智能製造的轉型升級，必須做好工業互聯網建設。中國早在 2012 年就提出了“工業互聯網”；2017 年底，國家圍繞工業互聯網建設出台了頂層規劃；2019 年，“工業互聯網”被正式寫入政府工作報告，標誌著中國工業互聯網建設正式進入實質性落地階段。

2020 年 2 月 25 日，在工信部公佈的 2019 年工業互聯網試點示範項目中，網絡、平台、安全三個層面共有 81 個項目。從整體來看，對於中國的工業互聯網來說，5G、平台、安全是三個非常重要的建設方向。工業互聯網相關產業鏈如表 1-9 所示。

表 1-9　工業互聯網相關產業鏈

產業鏈			細分產業鏈
工業互聯網	上游	智能硬件	邊緣層（即工業大數據採集過程）、IaaS 層（主要解決的是數據存儲和雲計算，涉及的設備有服務器、存儲器等）、PaaS 層（提供各種開發和分發應用的解決方案，如虛擬服務器和操作系統）、SaaS 層（主要是各種場景應用型方案，如工業 App 等）
	中游	工業互聯網平台	
	下游	應用場景的工業企業	高耗能設備（如煉鐵高爐、工業鍋爐等設備）、通用動力設備（如柴油發動機、大中型電機、大型空壓機等設備）、新能源設備（如風電、光伏等設備）、高價值設備（如工程機械、數控機床、燃氣輪機等設備）、儀器儀表等專用設備（如智能水表和智能燃氣表等）

八、衛星互聯網

衛星互聯網現已被各個國家視為戰略發展的重要組成部分，其在國防領域具有舉足輕重的地位，由於它的空間頻軌資源十分稀缺，同時又具有巨大的市場經濟價值，所以成為各國關注的焦點，各國企業為了搶佔發展先機，爭相發佈衛星通信網絡建設計劃。

國際對衛星軌道和頻率資源的分配遵循 "先申報先使用" 原則，各國通過發展衛星互聯網開始積極搶佔空天資源。衛星軌道和頻率資源有限，而衛星互聯網計劃中對衛星星座的部署動輒需要上千顆的衛星，各國衛星通信企業之間的競爭十分激烈，為了緩和資源和資金缺口，各國企業開始展開多元合作和持續融資。

衛星互聯網在產業層面的發展穩步推進。許多商業衛星公司，比如 OneWeb、SpaceX 等為了實現衛星互聯網的商業化，不斷吸納社會資本，並對衛星的頻譜和軌道資源進行優化佈局。還有不少大型互聯網企業，如谷歌、Facebook 等通過投資與合作加入到衛星互聯網的發展浪潮中。

萬億新基建投資風口

隨著新冠肺炎疫情逐漸得到控制，全國新一輪投資熱潮逐漸開啟。在政府政策的引導下，北京、河北、山西、上海、黑龍江、江蘇、福建、山東、河南、雲南、四川、重慶、寧夏等 13 省（區、市）預計投入 34 萬億元用於新型基礎設施建設。在未來一年乃至幾年間，新基建必將成為一個新的投資風口，投資熱點具體如下。

一、5G 基建

據中國信息通信研究院（簡稱 "信通院"）預計，未來幾年，5G 網絡建設投資規模將迅速增長，2025 年將達到 1.2 萬億元，僅網絡化改造這一領域的投資規模就將達到 5000 億元。另外，5G 網絡建設還將給上下游產業帶來投資熱潮，例如在線教育、在線辦公、在線診療、政務信息化等，投資規模預計達 3.5 萬億元。

二、特高壓

在經濟高速發展階段，電網公司要承擔更多社會責任，開展逆周期調節，加大投資力度。經過幾年時間的調整與發展，發電、用電資產的利用率有所回升，並且國內幾家大型電網公司的負債都比較低。目前，國家電網公司的負債率大約為 56%，帶息負債率大約為 20%，投資支撐能力較強。

近幾年，隨著特 / 超高壓等重大工程的投招標不斷增多，特高壓、配網的建設速度逐漸加快。目前，中國在建與待核准的特高壓工程包括 16 條線路，其中有 7 條已經確定了投資規模，總投資額 1128 億元，平均每條線路投資 161 億元。按照這一標準，目前 7 條待核准線路與 2 條 2019

年開工的線路預計投資 1449 億元，再加上目前在建項目，總投資約 2577 億元。據此推算，2020 年初，特／超高壓工程的增量貢獻至少為 1500 億元。

三、高鐵軌交

2019 年 9 月 18 日，為加快鐵路專用線建設，國家發改委、國家鐵路局等五部門聯合印發《關於加快推進鐵路專用線建設的指導意見》，明確提出要進一步開放專用線建設及運維市場，鼓勵社會資本參與，以不斷拓寬融資渠道。

2019 年 9 月 19 日，中共中央、國務院印發《交通強國建設綱要》，明確提出到 2020 年完成全面建成小康社會的交通建設任務，完成"十三五"規劃中關於發展現代綜合交通運輸體系的各項任務，為交通強國戰略的實施奠定堅實的基礎。

在新冠肺炎疫情導致經濟下行壓力加大的背景下，加大高鐵、軌道交通建設成為恢復經濟發展，保持經濟穩定增長的一個重要手段。據預測，2020 年，中國擬通車線路有 14 條，其中 7 條為 250 專線，7 條為 350 專線，通車里程 3696 公里，投資規模 6207 億元。

四、新能源汽車充電樁

《2019—2020 年度中國充電基礎設施發展年度報告》顯示，2020 年，中國將新增 15 萬台公共充電樁，其中 6 萬台直流充電樁，9 萬台交流充電樁。此外，還將新增 30 萬台私人充電樁，8000 座公共充電場站。

據預算，2020 年，中國充電樁市場規模預計達到 140 億～177 億元；2025 年，中國充電樁市場規模預計達到 770 億～1290 億元。2020—2025 年累計規模複合年均增長率將達到 40%～48.8%，新增規模複合年均增長率將達到 25%～50.3%。據此計算，2020—2025 年，中國新能源汽車充電樁新增投資規模將達到 700 億～1100 億元。

五、大數據中心

隨著 5G、雲計算等技術的應用範圍不斷拓展，IDC[1]市場將保持快速增長之勢。2018 年，隨著公有雲建設規模迅速擴大，全球 IDC 市場規模達到了 6253.1 億元，同比增長 23.6%。在全球範圍內，北美地區的 IDC 市場增速穩定，基礎電信運營商全面退出，主市場匯聚了越來越多的雲服務商需求。

IDC 市場的發展需要經過幾個階段，目前，中國 IDC 市場處在粗獷式發展階段，增長速度極快，遠高於世界平均水平，而且發展空間非常大。據統計，2018 年，在互聯網行業需求的帶動下，中國 IDC 業務規模達到 1228 億元，同比增長 29.8%。預計到 2024 年，中國 IDC 業務規模將達到 2558 億元。

六、人工智能

科技部於 2019 年 9 月印發《國家新一代人工智能創新發展試驗區建設工作指引》，明確提出要進一步加快人工智能基礎設施建設，到 2023 年建成 20 個試驗區。為了在疫情過後盡快恢復經濟發展，中國將繼續加大對人工智能產業的投入。

如果對人工智能產業進行細分，可將其分為底層硬件和通用 AI 技術及平台，其中底層硬件主要包括 AI 芯片和視覺傳感器，通用 AI 技術及平

1　IDC：互聯網數據中心，為互聯網內容提供商、企業、媒體和各類網站提供大規模、高質量、安全可靠的專業化服務器託管、空間租用、網絡批發帶寬以及 ASP、EC 等業務。

台主要包括計算機視覺和雲平台、OS、大數據服務等。

IDC 發佈的數據顯示，2017 年，全球 AI 芯片市場規模為 40 億美元。到 2022 年，AI 芯片市場規模將達到 352 億美元，複合年均增長率超過 55%。未來幾年，隨著技術不斷升級，人工智能實現普及應用，中國 AI 芯片市場規模將不斷壯大，增長速度將達到 40%～50%。也就是說，到 2024 年，中國 AI 芯片市場規模將達到 785 億元；2025 年，中國 AI 芯片市場規模將達到 1000 億元。

七、工業互聯網

工信部針對工業互聯網制定了"三步走"戰略，按照戰略要求，到 2025 年，中國要基本建成覆蓋各地區、各行業的工業互聯網網絡基礎設施，建立趨近完善的標識解析體系並實現規模化推廣，建成一批可以在世界舞台上與歐美等發達國家相抗衡的工業互聯網平台；到 2035 年，中國工業互聯網建設水平要達到全球領先；到 21 世紀中葉，中國工業互聯網水平要進入世界前列。

工信部發佈的數據顯示，2017 年，中國工業互聯網市場規模為 4677 億元，如果按照年均複合增長率 13.3% 計算，到 2023 年，中國工業互聯網市場規模將突破萬億元。在政策的加持下，中國工業互聯網市場規模有可能進一步擴大，發展空間超乎想象。

八、衛星互聯網

2020 年 4 月 20 日，國資委和國家發展改革委同時召開經濟運行例行發佈會。國家發改委創新和高技術發展司司長伍浩表示，新基建中的"信息基礎設施"主要是指基於新一代信息技術演化生成的基礎設施，比如，以 5G、物聯網、工業互聯網、衛星互聯網為代表的通信網絡基礎設施，以數據中心、智能計算中心為代表的算力基礎設施，等等。相對之前的相關表述，衛星互聯網首次被納入“新型基礎設施”。

　　衛星互聯網具有可在廣闊的海上、空中、跨境或偏遠地區工作的特點，它以衛星星座替代地面通信基站，實現全球範圍內全天候萬物互聯。建立新一代天基物聯網系統是適應“互聯網＋”時代萬物互聯的需求，是維護國家安全的需要，是萬億級規模的新產業。根據麥肯錫預測，預計2025年前，衛星互聯網產值可達 5600 億～8500 億美元。中國國內公司衛星星座規劃如表 1-10 所示。

表 1-10　中國國內公司衛星星座規劃

序號	星座名稱	公司	計劃發射衛星數量
1	“銀河系”AI 星座計劃	銀河航天	650
2	“鴻雁”星座	航天科技集團	300
3	激光通信星座	深圳航星光網空間技術有限公司	288
4	吉林一號星座	長光衛星技術有限公司	198
5	AI 衛星星座	國星宇航	192
6	“虹雲”工程	航天科工集團	156
7	靈鵲星座	零重空間、華訊方舟	132
8	“行雲”工程	航天科工集團	80
9	天基物聯網星座	中科天塔、九天微星	72
10	“翔雲”星座	歐科微	40

第 2 章

數字基建：重構中國經濟增長

新基建的本質：數字經濟

2020 年的中央經濟工作會議將新型基礎設施建設列為重點。相較於傳統基礎設施建設來說，新型基礎設施建設涵蓋的範圍更廣，包括 5G、人工智能、工業互聯網、物聯網等，極具數字化特徵，對中國調整產業結構，實現轉型發展起到了強有力的推動作用。2020 年，在國家宏觀經濟政策的支持下，新型基礎設施建設必將對中國經濟發展產生強有力的推動作用。

一、新基建的本質：以數字化基礎設施為核心

從本質上看，以 5G、人工智能、工業互聯網、物聯網為代表的新型基礎設施就是數字化的基礎設施，是數字強國戰略實現的重要基礎。

隨著物聯網快速發展，"萬物互聯"時代逐漸臨近，聯網終端越來越多，生成的數據規模越來越大。在此形勢下，以雲計算、大數據、人工智能、物聯網、區塊鏈等新一代信息技術為支撐的數字經濟進入"快車道"，發展速度越來越快。但數字經濟要想穩步發展，實現建設數字強國戰略目標，還需配備一套完善的數字化基礎設施。由此，新型基礎設施建設應以數字化基礎設施建設為核心。

二、新基建的價值：推動傳統產業實現數字化轉型

　　為優化資源配置，提升經濟增長的數量與質量，中國開始推行供給側結構性改革。在此形勢下，傳統產業改變原有的發展模式，朝數字化、智能化方向發展的願望越發迫切。對於處在轉型期的傳統產業來說，5G、物聯網、人工智能等以數字化為核心的新基建為其提供了強有力的支撐。

　　例如，工業互聯網的建設可以助推傳統製造業向數字製造、智能製造轉型；車聯網、能源互聯網、智能交通基礎設施建設可以助推新能源汽車與智能網聯汽車發展；城市物聯網建設可以助推水、電、氣等城市公共基礎設施朝數字化、智能化方向轉型；農業物聯網則可以為智慧農業的發展提供強有力的支持；等等。

三、新基建的重點：傳統基礎設施的數字化改造

　　根據國家發改委的要求，未來幾年，中國基礎設施建設要堅持“三駕馬車”齊頭並進的原則，一要加強新型基礎設施建設，二要做好城鄉和農村基礎設施建設，三要做好能源、交通、水利等重大基礎設施建設。現階段，中國傳統基礎設施建設已趨於成熟，為充分發揮投資效能，要正確處理新型基礎設施建設與傳統基礎設施建設之間的關係，做好兩者之間的融合與改造。

　　例如，5G 建設可以使用 4G 網絡的基礎設施，如鐵塔、光纜、電源等；使用 5G 技術對現有的高速公路網絡進行改造，使其成為“超級高速公路”；利用數字化技術對現有的能源骨幹網絡進行改造，推動能源系統實現智能化升級；利用數字化技術對城市的公共基礎設施進行改造，使其在保留自身功能的基礎上實現資源共享，以數字化平台為依託使各種資源與功能實現有機融合。

數字基建時代的來臨

中國新一輪基礎設施建設帶有濃重的"科技味兒"，以智能化、信息化、數字化為特色，突破了以鐵路、公路為代表的傳統基建模式，不僅迎合了目前經濟發展趨勢，而且具有重大歷史轉折意義。

"數字基建"以科技為核心驅動力，以 5G 技術為基礎。只有以 5G 技術為依託，物聯網、人工智能、萬物互聯、工業互聯網、信息化才有實現的可能。目前，在世界範圍內，以華為為代表的中國科技企業在 5G 領域佔據領先地位，5G 已成為中國優勢新興產業。所以，從科技層面看，中國具備全面推進 5G 商用的基礎與實力。目前，中國正在大力推進"數字基建"，這主要是由以下幾個因素決定的。

• 從外部環境來看，我國在芯片、集成電路、航空發動機等領域要想趕超歐美等發達國家，達到國際先進水平還需要很多年，以"市場換技術"的方式逐漸失效。為突破少數發達國家給中國設置的重重關卡和阻礙，我國科技行業必須朝自主可控和國產替代的方向發展，逐漸擺脫"世界工廠"的標籤，在關鍵技術、核心技術領域搶佔制高點。未來，大國之間的競爭勢必會演化為科技競爭，為維護中國的大國地位，發展高科技產業勢在必行，而且刻不容緩。

• 從內部環境來看，在供給側結構性改革背景下，中國傳統產業亟須轉型升級，現有的經濟結構亟須優化調整。為做到這一點，最好的方式就是加大科技在中國經濟增長中的貢獻，助推現有的科技企業快速發展，以星星之火燃起燎原之勢，帶領一批批科技企業在世界舞台上嶄露頭角，在其所在的細分領域迎頭趕上，以迎合新一輪世界經濟競爭科技化、信息化、智能化的要求。

• 從世界歷史發展看，幾乎每一次重大疫情過後都會出現新的經濟形態。此次新冠肺炎疫情倒逼中國經濟加速轉型，擺脫對傳統經濟發展路徑與模式的依賴，在線辦公、在線教育、信息化醫療、城市智能化管理等產業快速崛起。疫情結束後，政府將在公共衛生、城市管理等領域投入大量資源，提升其信息化、智能化水平。在此形勢下，相關行業及企業將獲得前所未有的發展機遇，A股市場也將迎來眾多新的投資機會。

• 從我國經濟結構看，過去中國刺激經濟發展常用的方法就是加快鐵路、公路、機場建設，刺激房地產市場。但在目前的市場環境下，這種方法不僅會導致傳統的固定資產投資模式越陷越深，而且還會對中國經濟結構轉型升級造成極大的制約，導致相關行業與企業錯失發展機遇。同時，寬鬆的貨幣政策釋放巨大流動性，大量資金流入房地產市場及各種虛擬市場，資金空轉愈演愈烈，社會資源被嚴重浪費。發展 "數字基建"，推動 5G、汽車智能化、新能源汽車、物聯網、人工智能、工業互聯網等行業快速發展，不僅可以讓資金流入實體經濟，還能讓金融資本反哺產業經濟。

在信息化、智能化時代，"數字基建" 是真正的新型產業生態，只有做好 "數字基建"，才能為 "數字中國" 建設奠定良好的基礎，才能為經濟轉型發展提供強勁的支持與動力。傳統基建採取的大多是重資產模式，"數字基建" 採取的大多是輕資產模式，科技含量高、附加值高。

而且，"數字基建" 與人民生活和幸福息息相關。例如，隨著智慧城市的設想得以實現，城市管理的智能化水平越來越高，城市居民可以享受更便捷的服務，節約很多不必要的開支。隨著科技與生活的關係越發緊密，科技發展將帶動大規模消費。例如，隨著智能手機相關技術不斷發展，國產高科技手機的消費規模持續擴大。總而言之，"數字基建"與消費相互融合、相互促進，恰好迎合了國家提出的"消費回補"的政策導向。

科技是"數字基建"的核心。目前，在 A 股市場，科技股迎來一波"小牛市"行情，為中小型科技企業融資提供了極大的便利，在很大程度上緩解了"融資難、融資貴"等難題，促進資本市場直接融資與股權融資的發展。隨著一系列利好政策出台，再融資新規落地，中小企業融資難題有望得到有效解決，資本市場的結構性矛盾也有望得以改善，那些真正具備核心技術優勢的企業將強勢崛起，實現更好的發展。

經濟轉型與數字效能

目前，5G、大數據、雲計算、互聯網、人工智能等數字技術不斷融合、持續滲透，數字資源已成為數字經濟時代最重要的生產要素，其分量不亞於工業時代的石油。在工業經濟時代，生產要素主要在"路"上流動，例如鐵路、公路、水路、航路等；而在數字經濟時代，生產要素將在"網"上流動，例如互聯網、物聯網。

"數字基建"以 5G、大數據、雲計算、互聯網、人工智能等科技型設施建設為重點，以新一輪科技革命和產業變革為導向，以數字化、智能化為支撐，對能源、交通、市政等傳統基礎設施進行改造，成為數字時代新的結構性力量，為中國經濟轉型升級奠定了非常重要的技術基礎，具體體現在以下三個方面，如圖 2-1 所示。

新基建驅動
中國經濟轉型升級

01 推動中國數字經濟發展的新基礎

02 中國供給側結構性改革新功能

03 有助於改善中國投資結構

圖 2-1　新基建驅動中國經濟轉型升級

一、推動中國數字經濟發展的新基礎

數字經濟時代與過去的任何一個時代一樣，都要有相應的基礎設施作為基礎與保障。例如，第一次工業革命開啟的蒸汽機時代以鐵路和運河建設為基礎；第二次工業革命開啟的電力時代以高速公路、電網建設為基礎；第三次工業革命開啟的信息時代以互聯網和信息高速公路建設為基礎。對於正在進行的第四次工業革命來說，以新一代信息技術和數字化為核心的新型基礎設施是重要基礎，也是目前世界各國都在投資佈局的戰略高地。

在過去的三次工業革命中，中國是被影響者、追隨者乃至追趕者。目前正在開展的第四次工業革命是中國第一次以原發性國家的身份，與歐美等發達國家站在同一起跑線上。為了搶佔戰略高地，推動中國數字經濟快速發展，獲取領先優勢，必須迎合當下的國際貿易規則，發揮中國的制度優勢，大力推進新型基礎設施建設。

二、中國供給側結構性改革新動能

傳統基礎設施建設需要投入土地、資源等基礎要素，新型基礎設施建設需要投入新一代信息技術、高端裝備、人才和知識等高級要素，為中國戰略性新興產業、現代服務業的發展提供支持，為以創新為驅動力的經濟轉型提供動力。

在投資運營模式方面，新型基礎設施建設與傳統基礎設施建設存在很大的區別，新型基礎設施建設覆蓋的範圍更廣，不同領域的基礎設施實現了高度融合，參與投資、建設的主體更多，支撐的業態更豐富，對投資模式與運營模式創新提出了更高的要求。

例如，5G 建設不僅需要無線技術與網絡技術提供支持，還需要智能交通、智慧城市、智能家居、智能製造和智慧能源提供支撐。在以 5G 為代表的新型基礎設施建設過程中，傳統投資主體、運營主體、建設主體的邊界被打破，投資模式、運營模式被顛覆、被創新，創新型企業、民營企業的進入門檻大幅下降，與之相對的產業生態更加豐富。新型基礎設施管理涉及多個部門，如市政、交通、安全、環境、信息化等，管理創新主要體現在以數字化平台為基礎的集成管理，將在很大程度上顛覆政府公共基礎設施現有的管理模式。

三、有助於改善中國投資結構

目前，中國已進入工業化後期，傳統基礎設施建設已走過高峰期，邊際效益遞減。從短期看，雖然以鐵路、公路、機場為代表的傳統基礎設施建設仍可以拉動內需，但已無法對經濟結構優化產生很大的作用，還有可能招致債務風險或金融風險。

現階段，發展數字經濟已成為世界各國的共識。新型基礎設施建設不僅可以帶動數字經濟發展，還能拉動邊際效益實現新一輪增長，對優化經濟結構、拉動投資都能產生顯著效應。從這個層面看，新型基礎設施建設就像一個新引擎，可以產生一系列的拉動作用，拉動人工智能、工業互聯網、物聯網發展，促使製造業實現技術改造與設備升級，帶動新型服務業快速發展，拉動以新材料、新器件、新工藝和新技術為代表的強基工程和以自動控制和感知硬件、工業軟件、產業互聯網、雲平台為代表的新四基發展。

供給側與需求側協同發力

凱恩斯主義認為投資、消費、出口是拉動經濟發展的"三駕馬車"，與消費、出口不同，基建投資兼具供給側與需求側的雙重含義，不僅可以拉動當下的需求，還可以衍生出無限的生產可能性，使未來的供給能力得以大幅提升。作為基礎設施，基建投資還有一個重要功能，就是為社會經濟各部門賦能，提高其運行能力。

一、國家經濟發展新舊動能的轉換

對於中國經濟發展來說，新基建將產生深遠影響。從短期來看，新基建投資將直接帶動經濟增長，在疫情結束後快速恢復經濟，穩定就業，釋放潛在的經濟活力。從長遠來看，新基建投資將對中國經濟結構調整與新舊動能轉化產生強有力的推動作用。

未來，互聯網、新能源將成為全球經濟發展的重心。對於一個國家來說，掌握數字經濟優勢是其在激烈的全球競爭中制勝的關鍵。現階段，中國加快在新基建領域的佈局，不僅可以改善中國的經濟發展結構，還能孕育出經濟發展新動能。

從更長遠的角度看，縱觀全球，經濟發展歷經五次技術創新，每一次都給行業帶來新的發展機遇。在這個過程中，全球十大頂尖企業從能源企業轉變為製造企業，再到如今的科技企業，下一次技術創新周期的出現必將帶來新一波企業更迭。創新周期的出現離不開技術基礎的積累，如果中國在此階段加大在新基建領域的投資，可以有效促進技術發展，孕育出更多創新成果，為中國經濟發展帶來更長遠的邊際效應。

二、工業互聯網在新基建中的重要意義

新基建涉及的領域極廣，面向不同的需求端有不同的應用，例如面向居民消費端有充電椿與城際高鐵，面向中間層有大數據中心、5G、人工智能等，面向製造業有特高壓和工業互聯網。在整個新基建領域，工業互聯網佔據著非常重要的位置，是其他新基建項目落地的重要基礎。

工業互聯網面向的是整個生產過程中的人、基、物，其建設不僅有助於實施供給側改革，而且有利於提升製造業的生產效率。只有做好工業互聯網建設，製造業上下游的數據才能相互融合，不同行業之間才能開展及時、準確的溝通，與之相對的大數據中心、人工智能才能發揮出應有的作用。

在應用拓展方面，"互聯網＋"可以幫助企業迅速降低邊際成本。製造業立足於工業互聯網平台進行研發設計、生產規劃、需求對接、資源配置、產業整合等一系列工作，可使產業鏈交易成本大幅下降。

工業互聯網建設必須循序漸進，有計劃、有步驟地開展。初期要先制定一個統一的平台標準與技術體系，工信部發佈文件對此做出了指引，如《工業互聯網網絡建設及推廣指南》等。之後，工業互聯網要打通工廠節點，推動全要素鏈、價值鏈與產業鏈深度融合，建立一套開源共享、互聯互通的規範，將相應的硬件標準、網絡架構、數據接口納入其中。

在架構方面，工業互聯網要建設國家級網絡節點提供的頂級域名解析服務，形成推廣標杆。此外，在工業互聯網建設過程中，數據安全也是一個非常重要的問題，包括數據存儲、處理、備份與加密，另外還需做好基礎庫安全維護，推動互聯平台穩定運行。

三、推進新基建需加強政策保障

新型基礎設施建設需要國家戰略、國家規劃與國家政策提供強有力的保障，具體措施主要包括以下幾個方面，如圖 2-2 所示。

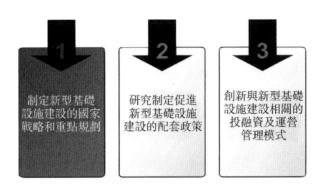

圖 2-2　推進新基建的政策保障措施

（1）制定新型基礎設施建設的國家戰略和重點規劃。

為做好新型基礎設施建設，國家發改委應聯合交通、能源、住建、工信等部門制定新型基礎設施建設總規劃，為新型基礎設施建設指明方向，將新型基礎設施建設列入"十四五"規劃，並研究制定相關的配套政策，平衡部門與產業之間的關係，做好頂層設計，引導企業在新型基礎設施建設的相關領域佈局，帶動區域經濟發展，推動產業轉型升級，為發展數字化經濟奠定扎實的基礎。

（2）研究制定促進新型基礎設施建設的配套政策。

相關機構要組建團隊，對新型基礎設施投資、建設、運營進行系統研究，為國家戰略、國家規劃的制定提供支持，為相關項目的立項評估提供參考。同時要研究制定促進新型基礎設施建設的政策體系，包括財務、金融、稅收等，並研究建立相關的考評體系。

（3）創新與新型基礎設施建設相關的投融資及運營管理模式。

明確政府、企業在新型基礎設施建設、投資與運營方面的關係，對新型基礎設施建設的投融資模式、管理運營模式進行創新。在保障基礎設施運營安全與公共利益的基礎上，探索建立政府與企業職責清晰、緊密合作的集成管理模式，在投資、建設、運營方面加強國際合作，降低民營企業、中小企業的參與門檻，為它們參與新型基礎設施建設拓展更大空間。

第二部分
5G 基建

第 3 章

5G 時代：構建萬物互聯的世界

萬物互聯：5G 改變社會

"4G 改變生活，5G 改變社會。"進入 5G 時代，萬物互聯將成為現實，人們原有的生活方式將被徹底顛覆，一個全移動的、充滿想象的智慧世界將逐漸開啟。

5G 的 G 全稱為 Generation，譯為"代"。5G 指的就是"第五代"，即第五代移動通信系統或第五代移動通信技術，是 4G 技術的延伸與升級。從最初的 1G 到目前正在落地的 5G，在這幾十年間，移動通信技術不斷更迭，為社會發展做出了巨大貢獻。5G 的全面應用將使生產、生活發生巨大變革。有人對這幾代移動通信技術做了如下總結：2G 開啟了文本時代，3G 開啟了圖片時代，4G 開啟了視頻時代，5G 即將開啟一個萬物互聯時代。目前，世界各國都在有序發放 5G 牌照，積極推動 5G 網絡建設，5G 時代的到來指日可待。

作為移動通信技術的升級，相較於過去四代移動通信技術來說，5G 的核心優勢具體表現在五個方面，分別是超高速、低時延、海量連接、泛在網、低功耗，如圖 3-1 所示。

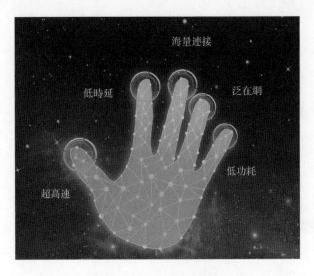

圖 3-1　5G 的五大核心優勢

一、超高速

超高速可以說是 5G 網絡最直觀的特點。從理論層面來看，5G 網絡的峰值傳輸速度要比 4G 網絡快 10 倍。舉個例子，在 4G 網絡環境下，用戶下載一部超高清電影可能需要幾分鐘，但在 5G 網絡環境下，這個過程只需要幾秒鐘就能完成。

二、低時延

低時延是 5G 網絡最顯著的優勢。時延指的是兩個設備互相通信所用的時間。從 1G 到 5G，每一次移動通信技術的升級都在努力降低時延。研究表明，2G 網絡的時延為 140ms，3G 網絡的時延為 100ms，4G 網絡的時延為 20～80ms，5G 網絡的時延只有 1ms。舉個例子，用戶想要觀看一個視頻，要先點擊這個視頻向網絡發送請求，獲得允許才能觀看。在 4G 網絡環境下，從發送請求到獲得允許，用戶要等待 20～80ms，但在 5G 網絡環境下，用戶只需等待 1ms。

三、海量連接

在 5G 網絡環境下，每平方公里連接的設備數量將大幅增長，可超過 100 萬台。屆時，5G 基站將遍佈世界各個角落，網絡覆蓋範圍將進一步擴大，不僅可以滿足海量用戶的通信需求，還能支持更多設備接入網絡，即便這些設備地處偏遠。簡言之，在 5G 網絡環境下，所有設備都可隨時隨地接入互聯網。1G～4G 主要提供人與人之間的通信方案，5G 主要解決人與物、物與物之間的通信問題，完成真正意義上的物聯網的搭建。

四、泛在網

泛在網指的是廣泛存在的互聯網，簡單來說就是讓網絡覆蓋社會生活的各個角落，讓人與設備可隨時隨地接入網絡，永不掉線。在 4G 網絡環境下，人們在使用網絡時可能會隨時遇到網絡中斷的情況，例如進入電梯、地下車庫等相對封閉的場所網絡會斷開連接，在地鐵上打著電話可能會突然中斷，等等。進入 5G 時代，這些問題將不復存在。因為 5G 基站是一種微基站，體量小、分佈廣，可隨時發出高密度的信號，使偏僻區域信號盲點問題得以徹底解決，讓用戶保持隨時在線。

五、低功耗

在 4G 網絡環境下，物聯網雖有所發展但仍存在很多問題，其中一個突出問題就是功耗高。例如智能手錶，大多數智能手錶每天都需要充電，有時一天需要充幾次電。但在 5G 網絡環境下，這些智能終端的功耗將大幅下降，大部分產品的充電周期可延長至一週，甚至是一個月，從而使用戶體驗得以較大改善。5G 低功耗的特點極大地降低了網絡設備的能源補充頻率，有效延長了終端設備的電池使用時間。

需要注意的是，5G 的問世不僅使移動通信技術實現了重大變革，而且進一步拓展了產業跨界融合範圍，將人與人之間的通信拓展為人與物、物與物之間的通信。從應用場景來看，5G 的應用場景不再局限於手機，而是面向 VR/AR、車聯網、無人駕駛、工業互聯網、智能家居、智慧城市等更多場景，從個人應用轉變為行業應用。

隨著 5G 網絡逐漸部署應用，其應用場景將越來越豐富。未來，5G 將與工業、醫療、交通、娛樂等行業實現深度融合，拓展出更多垂直領域的應用，使人們關於萬物互聯、人機交互、智能生產與生活的設想逐步成為現實。

中國 5G 引領全球

隨著 5G 移動通信時代的臨近，世界主要國家和地區均競相部署 5G 戰略，力爭引領全球 5G 標準與產業發展。韓國於 2018 年在平昌冬奧會上率先提供了 5G 應用服務，並計劃於 2020 年底實現 5G 大規模商用；美國四大運營商也在積極進行 5G 預商用部署；歐盟於 2018 年啟動 5G 預商用測試，並計劃於 2025 年在歐洲各城市推進 5G 商用；日本宣佈將在 2020 年東京夏季奧運會前實現 5G 商用，2023 年實現 5G 全國覆蓋。

而中國政府部門也在積極推進 5G 部署，不斷加碼相關政策。《國家"十三五"規劃綱要》提出"積極推進第五代移動通信（5G）和超寬帶關鍵技術，啟動 5G 商用"；《國家信息化發展戰略綱要》強調要"積極開展

5G 技術研發、標準和產業化佈局，2020 年取得突破性進展，2025 年建成國際領先的移動通信網絡"。同時，政府支持成立 IMT-2020（5G）推進組，組織 5G 試驗、推動 5G 技術和標準研發。國內主流通信設備企業在標準制定和產業應用等方面已獲得業界認可。

在移動通信技術發展的過程中，在 1G～4G 時代，中國的移動通信企業逐漸從缺席、跟隨、追趕轉變為跟跑、並跑。經過幾十年的努力與積澱，在 5G 時代，中國移動通信行業躋身領先地位，開啟了中國移動通信技術領跑世界的時代。

在 5G 標準方面，目前，全球立項並通過 50 項 5G 標準，其中中國 21 項，美國 9 項，歐洲 14 項，日本 4 項，韓國 2 項。國際移動通信標準化組織 3GPP 接受華為的 Polar 碼（極化碼）作為控制信道編碼方案，接受美國的 LDPC 作為數據信道編碼方案。

在知識產權方面，在 5G 必備的知識產權中，中國企業擁有的知識產權數量佔到了 10%。在移動通信設備方面，華為是目前全球頂級的通信設備供應商，在全球 537 個 4G 網絡中，華為負責提供設備的網絡佔到了一半。

在專利數量方面，設備廠商擁有的專利數量越多，在 5G 時代擁有的話語權就越大。相關數據顯示，截至 2019 年底，中國 5G 專利申請數量已躍居世界第一。其中，華為擁有的 5G 專利最多，排名世界第一，中興通訊排名世界第三。據德國專利數據公司 IPLytics 統計，截至 2019 年 3 月，中國廠商申請的關於 5G 標準的專利佔比達到了 34%，比韓國的 25% 和美國的 14% 要高出許多。

在移動終端方面，華為、OPPO、vivo、小米等手機的出貨量和蘋果、三星等國外知名品牌的出貨量相差無幾，手機價位也非常接近。2019年，這些企業相繼推出 5G 手機，比很多國外知名品牌要早許多。總體來看，在 5G 通信技術領域，無論中國還是中國企業都已進入第一梯隊。

中國之所以能在 5G 時代佔據領跑地位，原因有三點：第一，國家對 5G 的高度重視與科學的頂層設計；第二，企業積極創新，先發制人，在國際市場上搶佔制高點；第三，中國很早就開始參與 5G 標準化建設，積累了很多技術優勢。如圖 3-2 所示。

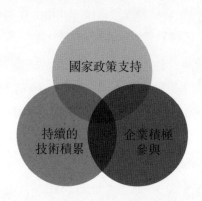

圖 3-2　中國 5G 引領全球的三大驅動力

一、國家政策支持

工信部、發改委和科技部早在 2013 年 2 月就成立了 IMT-2020（5G）推進組，其任務非常明確，就是推動 5G 技術和標準研發、牽頭組織 5G 試驗。在 IMT-2020（5G）推進組的帶領下，中國在 2016—2017 年啟動了三次技術研發試驗，分別對 5G 關鍵技術、技術方案和系統進行了測試。

二、企業積極參與

中國電信運營商與通信設備製造商緊密合作積極開展 5G 技術研發試

驗。例如，2016 年底，中國移動制定了 2016─2020 年的 5G 商用時間表。根據這個時間表所做的規劃，2017 年 5 月，中國移動分別在北京、上海、廣州、蘇州、寧波建立 5G 試驗網，進行 5G 外場測試。

三、持續的技術積累

早在 3G 網絡時代，中國移動通信技術就取得了很大的進步，最有力的證明就是中國主導的 TD-SCDMA 成為三大國際標準之一。從那時起，中國企業持續加大在移動通信領域的投入，積極研發最新技術與產品，積累了一系列先進技術成果，為發力 5G 奠定了扎實的技術基礎。

雖然 5G 的規模化商用還需要攻克很多技術難關，相關產業發展也面臨著重重阻礙，但作為世界第二大經濟體，中國消費者眾多，企業用戶規模龐大，能夠切實滿足 5G 相關產業發展的市場需求。再加上百度、騰訊、阿里巴巴等互聯網企業的支持，中國 5G 技術發展與規模化商用的實現指日可待。

5G 的關鍵技術架構

作為第五代移動通信網絡，5G 網絡的峰值速度可達每秒數十 Gb，比 4G 網絡的傳輸速度提高了數百倍，一部超高畫質的電影下載只需 1 秒。隨著 5G 網絡的普及應用，人們完全可以利用智能終端分享 3D 電影、3D 遊戲及超高畫質節目。作為未來幾年甚至十幾年的主流通信技術，5G 將成為同 4G 一樣的基礎設施，在智慧交通、工業互聯網、醫療健康、智慧環保、城市管理等各行各業實現廣泛應用。

那麼 5G 網絡的關鍵支撐技術有哪些呢？下面我們對 5G 的七大關鍵

技術進行簡單分析,如圖 3-3 所示。

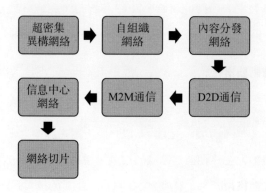

圖 3-3　5G 的七大關鍵技術

一、超密集異構網絡

隨著移動通信網絡的更新迭代,其複雜性也在不斷提升。2/3G 時代,運營商僅需要在全國部署幾萬個基站便可實現對全國網絡的全面覆蓋;4G 時代,這一數字增長至 500 多萬。而 5G 網絡需要的基站規模更為龐大,5G 網絡每平方公里可以支持百萬級別的設備接入,為此,必須密集部署海量基站。而且即便處於同一網絡,不同終端的速率、功耗、使用頻率、服務質量需求等也存在明顯差異。

在這一背景下,按照傳統的網絡結構模式進行部署,可能會使 5G 網絡出現相互干擾問題。為了避免這種情況,需要從不同業務網絡實現方式、節點協調方案、網絡選擇方案、節能配置方法等多種維度做出有效調整。

二、自組織網絡

自組織網絡是 5G 技術的重要組成部分：在網絡部署階段，它強調自規劃和自配置；在網絡維護階段，它強調自優化、自癒合。自規劃的目標是實現網絡的動態規劃和執行，並滿足系統擴展容量、監測業務、優化結果等需求。自配置在成本控制、安裝便捷性等方面有領先優勢，其目標是實現新增網絡節點配置的即插即用。自癒合是指系統可以自動對問題進行檢測、定位及處理，有效降低系統運維成本，並提升用戶體驗。

三、內容分發網絡

5G 網絡複雜業務較多，特別是高清晰度的音頻、視頻業務往往存在短時間內集中爆發的特性，為了確保用戶獲得良好體驗，對網絡進行改造升級就顯得尤為關鍵。內容分發網絡是一種拓展傳統網絡層次的有效方案，它可以提供智能虛擬網絡來有效解決用戶需求集中爆發的問題。

內容分發網絡系統將充分考慮各網絡節點負載狀況、連接狀態、用戶距離等因素，將內容分發到距離用戶較近的代理服務器中，使用戶可以就近獲取所需內容，避免網絡擁堵，提高用戶需求響應速度。

四、D2D 通信

5G 網絡的網絡容量、頻譜效率、通信模式、終端用戶體驗都需進一步提升。在 5G 網絡環境下，設備間通信都有望提升系統性能，減輕基站壓力，增強用戶體驗，提高頻譜利用率。所以，對於 5G 網絡來說，D2D（Device to Device，設備對設備通信）將成為其中的一種關鍵技術。

五、M2M 通信

作為現階段物聯網最常見的應用形式，M2M（Machine to Machine，機器對機器通信）已經在智能電網、環境監測、城市信息化、安全監測等領域實現了商業化應用。目前，對於 M2M 網絡，3GPP 已經制定了一些標準，並開始立項研究 M2M 關鍵技術。根據 3GPP 規定，M2M 有兩種解釋：從廣義上看，M2M 指的是機器與機器、人與機器、移動網絡與機器之間的通信，涵蓋了人、機器、系統之間的所有通信技術。從狹義上看，M2M 指的就是機器之間的通信。相較於其他應用來說，M2M 的典型特徵就是智能化、交互式，在這種特徵下，機器變得更加智慧。

六、信息中心網絡

隨著實時音頻、高清視頻等服務的數量日漸增多，基於位置通信的傳統 TCP/IP 網絡已無法承擔海量數據分發任務，整個網絡呈現以信息為中心的發展趨勢。1979 年，尼爾森（Nelson）提出信息中心網絡[1]這一概念。目前，美國很多組織都在研究 ICN，以期用 ICN 取代現有的 IP。

七、網絡切片

5G 網絡切片就是利用交通管理的分流方式對網絡數據進行管理，其本質是從邏輯層面對現實存在的物理網絡進行劃分，按照用戶服務需求及時延高低、帶寬大小、可靠性強弱等指標將其劃分成不同的虛擬網絡，以應對多變的應用場景。

1　信息中心網絡（Information-Centric Networking, ICN）以名字為中心，提出了一種革命性的全新互聯網架構。ICN 可實現內容與位置分離、網絡內置緩存等功能，從而更好滿足大規模網絡內容分發、移動內容存取、網絡流量均衡等需求。

相較於 4G 網絡來說，網絡切片是 5G 網絡一大鮮明特徵。目前，業界主流的切片方式是按照 5G 網絡的三大典型應用場景進行切分，讓 5G 網絡的網絡承載能力與安全性能等指標滿足相關業務需求，將物理網絡進行分類，並轉化為虛擬網絡，從而滿足多種網絡應用場景需求。從 5G 技術本身發展視角看，5G 技術可被應用至移動寬帶、大規模物聯網、關鍵任務型物聯網等領域。

隨著技術與市場不斷發展，網絡切片也將不斷向前發展。從技術層面來看，提高網絡運營速度、降低網絡建設成本仍有較大潛力；從市場層面來看，工業互聯網、新型智慧城市、無人駕駛汽車等都對移動互聯網的質量提出了較高的要求。在此情況下，各項指標表現極好的 5G 網絡將對相關產業的發展產生積極的推動作用。

"5G + AI" 的聚變與裂變

如今，"90 後""95 後"的年輕人正逐漸成長為社會消費的主力軍，個性化消費越來越普遍，企業也推出了諸多精準化服務。但隨著人口紅利的消失，服務行業從業者的增幅呈下降趨勢。

以往，我們生活在人與自然構成的二元世界中，大數據、互聯網的高速發展及普遍應用，使我們進入了呈現明顯信息化特徵的三元世界中。伴隨著虛擬現實 / 增強現實、人工智能技術的發展，新一輪消費升級浪潮已經來臨，虛擬消費、智能消費、智力消費漸成主流。5G 的規模化商用將為各行各業的發展注入新動能，帶動相關的新興技術快速發展。其中，5G 與人工智能的融合將推動整個產業實現進一步變革。

一、5G 與 AI 相互賦能

在 5G 網絡環境下，AI 的規模價值可以很好地展現出來。因為 5G 具有低延遲、高帶寬、廣覆蓋的特點，讓之前難以落地的 AI 應用有了落地的可能，比如自動駕駛、遠程醫療等。同時，對於消費者來說，5G 網絡的速度非常快，可以讓消費者享受到更極致的體驗。

作為未來各個行業數字化轉型的基礎設施，5G 將從數據、算力、應用場景等各個方面對 AI 的發展產生強有力的推動作用，具體體現在以下幾個方面，如圖 3-4 所示。

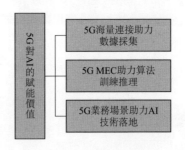

圖 3-4　5G 對 AI 的賦能價值

• 5G 海量連接助力數據採集。據 IMT-2020《5G 願景與需求白皮書》預測，到 2030 年，全球移動網絡設備接入量將超過千億台。屆時，數據體量、種類、形式都將實現大爆發，能夠為 AI 訓練建模提供海量優質數據。

• 5G MEC[1] 助力算法訓練推理。5G MEC 邊緣雲計算支持本地計

1　MEC（Mobile Edge Computing），即移動邊緣計算，是指可利用無線接入網絡就近提供電信用戶 IT 所需服務和雲端計算功能，而創造出一個具備高性能、低延遲與高帶寬的電信服務環境，加速網絡中各項內容、服務及應用的快速下載，讓消費者享有不間斷的高質量網絡體驗。

算、數據處理，能夠在靠近設備或數據源一側為人工智能提供訓練與推理服務。

• 5G 業務場景助力 AI 技術落地。國內外運營商將 5G 業務分成了三類：第一類是增強型移動寬帶，第二類是高可靠性與低延遲的通信，第三類是大規模機器通信。這三類業務為 AI 技術的落地提供了豐富的應用場景，如智慧教育、智慧醫療、智慧交通等。

二、5G 助力 AI 技術落地

作為下一個行業風口，人工智能已有很長的發展歷史，卻一直處於初級發展階段。雖然經常出現一些亮眼的垂直應用，但因為產業規模的限制，人工智能的可解釋性、縱深性、行業連通性等都亟待提升。

在 5G 的技術賦能下，AI 的智能化水平將得以大幅提升，網絡規劃、建設、維護、優化模式都將得以革新，不僅可以提高精確度，還能減少人工使用量，在降低運營成本的同時提高網絡服務質量。對於 5G 網絡智能化來說，AI 波束管理、基於 AI 的無線網絡優化、智能網絡切片等都是非常典型的應用，如表 3-1 所示。

表 3-1　5G 網絡智能化的典型應用

典型應用	具體內容
AI 波束管理	智能調整波速指向，降低覆蓋重疊干擾，提升接入體驗
基於 AI 的無線網絡優化	利用 AI 技術對參數調整策略進行優化，使網路無線資源的利用率、網絡容量都得以大幅提升，對用戶行動軌跡、用戶業務進行預測，對內容緩存策略進行優化，帶給用戶更優質的體驗
智能網絡切片	利用 AI 技術對切片資源進行管理，讓切片實現自動配置，優化切片性能，實現切片故障自動恢復

隨著 5G 實現大規模商用，AI 應用的能力將得以充分釋放，將具有更高的商業價值與市場價值。為此，在 5G 與 AI 融合的過程中，既要考慮如何在全世界範圍內保證 5G 被公平、公正地使用，又要使 5G 應用得以全面釋放，讓 5G 應用幫整個世界變得更公平。

三、未來的發展趨勢

未來，"5G+AI" 將成為水、電一般的基礎服務，深入人們生產、生活的方方面面。

隨著 5G 與 AI 實現緊密融合，產業升級門檻將持續下降，傳統產業數字化轉型速度將變得越來越快。屆時，傳統產業不得不改變早已習慣的獨立發展模式，嘗試與產業互聯網協同發展。對於傳統產業來說，5G 與 AI 將成為兩大基礎，為其數字化轉型提供重要支撐。

產業互聯網將成為 5G 與 AI 應用的主戰場，智慧醫療、智能製造、智慧教育、智慧環保將成為 5G 與 AI 應用的熱門領域。

消費互聯網仍具有較大的發展潛力，在 "5G+AI" 的輔助下，消費者將獲得更豐富的體驗、更多元化的交互方式。隨著技術不斷革新，消費互聯網將實現蓬勃發展，其規模將不斷擴大。

家庭互聯網與人們的關係最密切。隨著經濟水平不斷提升，個人可支配收入持續增長，人們越來越注重家庭生活的舒適與安全。所以，在 5G 時代，智能家居產品、家庭安防產品市場將變得空前龐大。隨著技術不斷更迭，智能家居產品、智能安防產品將實現快速發展，屆時，人們將真正迎來萬物互聯的智能家居生活。

未來幾年，"5G+AI" 將從各個角度切入，為實體經濟賦能，全面提升通信產業鏈與人工智能產業鏈的融合速度，促使二者相互賦能，在產業變革、實體經濟發展過程中抓住機會，實現蛻變發展。

第 4 章

智能社會：5G 重構商業與生活

5G ＋教育：VR/AR 教育模式

近年來，隨著越來越多的新技術、新設備在教育教學領域得到應用，教學方式發生了重大變革，從最初的黑板粉筆教學到多媒體教學，再到智慧教育交互式智能黑板教學，教學方式越發多元化，但教學活動以教師為中心、學生的學習興趣不高、學習效率低等問題始終未能解決。

在 5G 技術的支持下，AR/VR 可以在教育領域實現更好的應用。比如，教師利用 AR/VR 技術模擬各種場景，學生坐在教室中就能前往各地進行虛擬實地考察，產生真切的感受，從而提高學習效率與效果。相較於傳統的教學方法來說，AR/VR 教學有很多優點，不僅可以提高教學效果，激發學生的學習興趣，拓展學生的視野，還能產生超乎想象的成本效益，降低學習風險。

一、VR/AR 技術驅動教育變革

VR/AR 在教育行業的應用場景非常多，大致可以分為以下幾類，如圖 4-1 所示。

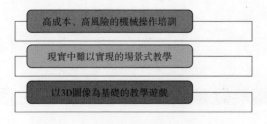

高成本、高風險的機械操作培訓

現實中難以實現的場景式教學

以3D圖像為基礎的教學遊戲

圖 4-1　VR/AR 在教育行業的應用場景

（1）高成本、高風險的機械操作培訓。

初期，VR/AR 技術主要用於軍事模擬訓練，比如飛行器模擬訓練等。近來，VR/AR 技術開始向民用領域滲透，比如在教育培訓行業，VR/AR 技術被用於賽車、手術、滑雪、飛機駕駛等教學培訓，以降低培訓成本與培訓風險。

（2）現實中難以實現的場景式教學。

虛擬性是 VR/AR 最顯著的特點。將 VR/AR 應用於教育領域，可以開展很多過去無法開展的場景教學，比如地震、泥石流等災害場景的模擬逃生練習，深海場景、太空場景的科普教學，等等。這些場景式教學不僅可以激發學生的學習興趣，還能提高教學效果，讓學生真正掌握逃生技能，增進對知識的理解。

（3）以 3D 圖像為基礎的教學遊戲。

現階段，因為技術水平有限，VR/AR 內容很難以視頻的形式連續呈現。對於成年人來說，單個 3D 圖像無法形成持久吸引力，但對於正在接受早教的低齡兒童來說，這種視覺衝擊力較強的彩色 3D 圖像，配之以可以交流互動的聲音重複出現，可以形成具有較強吸引力的認知產品。另外，不斷發展的電商也給 VR/AR 早教卡片帶來了廣闊的市場空間，推動 AR 早教卡片成為 VR/AR 領域最具競爭力的現金流產品。

二、5G 時代的 VR /AR 教學體驗

基於 VR/AR 技術的沉浸式學習模式增強了教學場景的沉浸感，創造了一種具有超強沉浸感、自主性、互動性的三維教育新模式，將學生的注意力從單調的課本、黑板、視頻中轉移出來，提高了教學活動的靈活性、趣味性。

其實，通過分析可以發現，幾乎所有的 VR/AR 教育細分場景都存在同一個問題，即內容缺乏吸引力、硬件重、價格貴，無法滿足學生對學習個性化、自主性、沉浸式、互動式等方面的要求。於是，在整個教育互動過程中，雲、VR/AR、5G 等技術成為非常重要的一環。

（1）雲端技術催生使教育內容多元化。

首先，在 VR/AR 教育場景中，5G 大帶寬、低時延的特點可以得到完整展現；其次，雲 VR/AR 為智慧教育的落地應用提供了必要的技術支持。在 5G、雲、VR/AR 教育場景中，邊緣計算、雲端計算漸成主流，使終端設計變得更簡單，性價比變得更高，從而推動 VR/AR 漸成主流。另外，VR/AR 教育領域的潛在用戶規模龐大，使得 VR/AR 教育內容開發商的內容開發熱情空前高漲，或將使 VR/AR 教育內容行業呈現百花齊放的格局。

（2）提高教育內容質量，降低硬件價格。

5G 雲端渲染將高性能的 GPU 處理器放在雲端，不僅可以降低設備的複雜程度和使用成本，還能使終端設備具有移動性，從而打造高質量的 VR/AR 教育內容。

5G 網絡的傳輸速率可達 10～50Gbps，而且時延較低，可以支持大型 VR/AR 教育場景先在雲端渲染，再通過網絡傳輸到用戶的終端設備。雲端渲染可以保證終端畫面擁有較高的分辨率，進而緩解 VR/AR 教育帶給學生的眩暈感。同時，因為可以在雲端渲染，在很大程度上緩解了用戶終

端設備的硬件計算壓力，降低了終端硬件設備的價格。

總而言之，在 5G 網絡時代，VR/AR 教室將以 "雲 VR/AR＋便捷終端" 為基礎，推動軟硬件設備實現創新升級，降低 VR/AR 基礎設備的成本，緩解長時間使用設備產生的眩暈感，切實保證內容版權安全，使教育信息化的價值得以全面釋放。總而言之，隨著 5G、雲 VR/AR、教育深度融合，一種全新的教學模式將應運而生，進而推動整個教育行業實現顛覆式變革。

5G＋安防：智慧安防大變革

和 4G 相比，5G 在傳輸速度方面的表現非常突出。2018 年底，廣東移動攜手華為在深圳成功打通首個基於 3GPP 標準的 Sub 6GHz 雙載波 First Call，用戶疊加峰值速率超過 5.2Gbps。這種傳輸速度可以讓用戶在一秒內下載完一部高清電影，而困擾安防從業者的帶寬資源有限、高清視頻文件傳輸速度慢等問題將得到有效解決。

具體而言，5G 在安防產業的應用價值主要體現在以下幾個方面，如圖 4-2 所示。

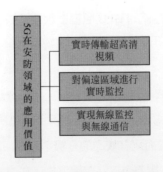

圖 4-2　5G 在安防領域的應用價值

一、實時傳輸超高清視頻

在消費級市場，人們無時無刻不在追求更為清晰的畫面。近幾年，火熱的家用攝像機產品在滿足人們社交需求的同時，也滿足了家庭安全監控需求。但傳輸視頻畫面時，存在視頻畫面不清晰、傳輸效率較慢等問題。

由於用戶帶寬存在一定差異，攝像機廠商為了擴大產品受眾群體，開發了自適應網絡帶寬功能。這種情況下，當用戶帶寬資源有限時，傳輸給用戶的視頻畫面清晰度將大打折扣。而 5G 的超高速傳輸能力，將使消費級市場的超高清視頻傳輸需求得到充分滿足。

二、對偏遠區域進行實時監控

國境線、原始森林、沿海荒島等位置偏遠，基礎設施不完善，鋪設有線網絡來開展安防工作需要耗費極高的成本。而部署無線網絡，不但可以讓監管人員遠程對偏遠區域進行實時監控，還能有效降低安防成本，提高安防效果。

不過，在偏遠區域，可能存在濕熱、高溫、雷雨等極端天氣，為了使無線視頻監控系統可以穩定高效運行，需要安防廠商在設備材質、設計、技術等方面進行創新。

三、實現無線監控與無線通信

車站、廣場、娛樂中心等是城市的關鍵監控區域，人員密集、人流量大。為了對這些區域進行有效監控，公安部門需要建立集中監控平台和統一指揮調度中心，為人流控制、防堵治堵、抓捕犯罪分子、反恐等工作提供支持。目前，國內大部分城市關鍵監控區域主要採用有線網絡進行視頻監控和通信，但在網絡設備或線路發生故障或被破壞時，這些關鍵監控區域的視頻監控和通信將難以開展。

而 5G 強大的無線通信能力，將有效解決這些問題，使城市關鍵監控區域的安防得到充分保障。視頻應用是擴大 5G 商業價值的關鍵所在，涵蓋了視頻通信和安防監控：前者是沒有天花板的消費級市場；後者是保障城市安全、建設智慧城市的關鍵所在。而且在保障安全面前，成本更容易被忽略，從而使安防產業成為 5G 商用的"殺手級應用"的行業之一。

在智慧城市中，視頻監控服務需要應用視頻監控即服務（Video Surveillance as a Service，VSaaS）模式，由雲端為用戶提供視頻錄製、存儲、管理及服務監控。同時，服務供應商也在雲端開展系統運維。

雲服務在數據儲存、分析及應用靈活性方面具有明顯的領先優勢。對於部署城市視頻監控系統的企業或機構來說，如果採用獨立的存儲系統，將面臨較高的前期部署成本與長期性的運維成本壓力。而雲系統具備動態調整能力，在有需要時，可以為攝像機配置更高的分辨率來提高其性能，而在其他場景下可以通過降低分辨率來控制成本。

通過將 AI 和雲技術相結合，可以有效提高視頻監控系統的性能。AI可以利用計算機分析文本、圖像、視頻等數據，來完成人、車、場景的識別。比如，視頻監控系統識別目標對象後，發現目標對象未擁有合法授權，從而自動執行門禁鎖定，並快速提取目標對象關鍵信息，向相關人員和部門發出警報。

目前，在 AI 應用的諸多行業中，安防行業應用的營收水平位居前列，比如在智能算法、AI 芯片、生物識別、機器視覺等安防垂直領域，部分人工智能技術開發商和設備供應商營收大幅度增長。將 5G 和人工智能相結合，安防監控、視頻通信、車聯網、平安社區、智慧城市等行業將迎來快速發展期，推動整個安防產業不斷走向成熟，使個人、家庭及組織享受到高效、低成本的優質安防服務。

5G ＋視頻：新一輪短視頻紅利

　　5G 時代來臨後，網速進一步提高、流量成本持續降低，將推動短視頻內容迎來新一輪爆發式增長。目前，國內短視頻內容平台紛紛開展技術與功能升級，爭取為用戶創造更為良好的使用體驗，延長用戶在線時長，尋求更多的商業合作等。

　　快速增長的短視頻行業呼喚更為先進的生產技術、傳播技術。隨著消費者對短視頻質量越發重視，優質短視頻內容稀缺、製作成本高等問題越發突出。4G 時代，有限的網速、帶寬資源對短視頻內容生產、分發、用戶體驗等帶來了諸多負面影響，而 5G 的商業化應用為這些問題提供了有效的解決方案。

　　4G 時代，短視頻產業的發展主要依賴於 UGC（用戶生產內容）和視頻社交化。而進入 5G 時代後，PGC（專業生產內容）和物聯網應用將成為短視頻產業發展的兩大關鍵驅動力。5G 帶來了泛在互聯網絡，為萬物入網提供了有效解決方案，短視頻行業將因其發展而大為受益。

　　中國短視頻行業發展主要歷經三大階段，如表 4-1 所示。

表 4-1　中國短視頻行業發展的三個階段

發展階段	時間	主要特徵
萌芽成長階段	2013—2015 年	在秒拍、美拍、小咖秀等短視頻平台的驅動下，一、二線城市用戶開始消費並生產短視頻內容
野蠻生長階段	2016—2017 年	資本接入、智能手機性能提升、流量資費降低等利好因素，促使抖音、快手等短視頻平台實現迅速崛起。同時，傳統媒體、互聯網巨頭等各路玩家也紛紛佈局，將短視頻行業發展推向新高度
理性發展階段	2017 年至今	資本趨於理性、消費升級等，使短視頻行業對內容質量、盈利模式等越發重視，同時，為與競爭對手實現差異化，短視頻內容平台也紛紛探索垂直領域

作為互聯網內容產業的重要組成部分，短視頻行業的發展前景是毋庸置疑的。各類互聯網應用為增強內容屬性，提高用戶打開率和在線時長，紛紛增加短視頻板塊，使短視頻行業競爭進一步加劇。

位於上游的短視頻內容生產者，是短視頻產業鏈的核心組成部分。而短視頻產業鏈下游主要是短視頻平台和各類分發渠道。目前，短視頻平台是短視頻內容最主要的生產、消費場所。騰訊、阿里巴巴等互聯網巨頭為搶佔"短視頻蛋糕"，紛紛投資短視頻平台和優秀的內容創作方，這為短視頻行業的發展提供了巨大推力。

艾瑞諮詢公佈的數據顯示，預計到 2020 年，短視頻市場規模將突破 300 億元。未來，隨著 5G 的全面商業化，以及互聯網在農村地區的推廣普及，短視頻市場空間得到極大的拓展。再加上 AR/VR、全景技術、無人機拍攝等技術的發展與應用，用戶將獲得更為良好的短視頻消費體驗，從而進一步刺激短視頻行業的快速發展。

中國互聯網信息中心在第 43 次《中國互聯網絡發展狀況統計報告》中指出："在短視頻領域，眾多互聯網企業競相佈局，特色優質內容成競爭關鍵。2018 年，短視頻市場獲得各方廣泛關注，百度、騰訊、阿里巴巴、微博持續在短視頻領域發力，網易、搜狐等也紛紛推出新的短視頻應用，短視頻市場迅速發展。截至 2018 年 12 月，短視頻用戶規模達 6.48 億，用戶使用率為 78.2%。"

依託硬件優勢，華為視頻積極開展全球化佈局，在西班牙、意大利等歐洲國家自建短視頻品牌；在中東、拉美及部分亞太地區通過和當地運營商合作，為用戶提供短視頻服務。規模龐大的硬件用戶、強大的內容整合能力、完善的服務體系，將幫助華為視頻在全球化佈局中獲得一系列領先優勢。

2019 年 4 月 18 日，河南鄭州舉辦了 2019 年全國短視頻創意峰會，華為消費者業務雲服務視頻業務部部長徐曉林以《5G 時代，共創短視頻未來》為題發表了精彩演講，在演講中他表示："截至 2019 年 4 月 17 日，華為視頻月活躍用戶數已突破 1 億。" 未來，華為視頻將會在短視頻製作、營銷、傳播、商業變現等諸多維度為合作夥伴提供大力支持，營造更為優良的創作和分發環境，使終端用戶切實享受到高質量的短視頻服務。

5G 時代來臨後，限制人們消費短視頻的網速、帶寬等問題將得到有效解決，短視頻將像今日的圖文一般被人們廣泛消費。與此同時，用戶對視頻清晰度、創意、個性化等方面的要求也將不斷提升，從而對內容策劃、加工、分發等提出了更大的挑戰。

5G 時代來臨後，人臉識別、動作捕捉、AR/VR 等技術的發展，將為短視頻行業發展注入巨大活力。與此同時，5G 將有力地推動萬物互聯世界的來臨，極大地拓展短視頻產業鏈的深度和廣度，使短視頻產品滲透到更多的應用場景之中，為創作者、平台方、分發商、品牌商等創造更大的獲利空間，實現多方合作共贏。

5G ＋智慧城市：5G 時代的智慧城市新圖景

從本質上看，智慧城市是一種城市數字化轉型的有效解決方案，是加快新型城鎮化建設的新思路、新方法、新模式。目前，隨著城市人口不斷增加，對管理部門的城市管理水平提出了更高的要求。數據採集、平台建設缺乏協調性，管理模式不能迎合市場規律等問題，給智慧城市建設帶來了諸多阻礙。

而 5G 技術在智慧城建領域的應用為上述問題的解決提供了有效的思路。以燈杆為例，在北京城市副中心發佈的城市建設規劃中，城市燈杆將集成信息技術、感知技術、圖像處理技術、通信技術、單燈控制技術等諸多新興技術，可以自動根據城市道路狀況對光線亮度進行控制，可以支持新能源汽車充電，加快新能源汽車的推廣普及。一旦燈杆發生故障，發現問題的市民可以按下燈杆上的按鈕與後台控制中心的工作人員進行遠程視頻通話，及時解決故障。

另外，燈杆還將配備 Wi-Fi 設備，讓市民可以更好地享受網絡服務。同時，燈杆還能為市民提供空氣質量、天氣狀況、新聞資訊、周邊商家等各種信息，為其日常生活提供諸多便利。

和燈杆類似，垃圾箱也將被賦予 "智慧"。2018 年 11 月，中國舉辦首屆中國國際進口博覽會（CIIE），智慧垃圾箱驚豔亮相，讓與會人員感受到了智慧城建的魅力。北京鼎恆泰科技有限公司在這些智慧垃圾箱上配備了 NB-IoT 智能垃圾箱檢測器，使垃圾箱具備滿空狀態、火災隱患以及倒伏狀態等檢測能力。以滿空狀態檢測為例，當垃圾箱裝滿垃圾時，檢測器會自動向環衛工人發出通知，告知工作人員及時處理，在提高垃圾清運效率的同時，也為垃圾清運人員帶來了諸多便利。

5G 技術為這些智慧城建設備的落地應用提供了一定的技術支持，在增強設備感知能力的同時，也為中心控制系統對設備進行實時控制提供了便利。

智慧城市建設將革新城市發展理念與模式，形成 "規建管" 一體化協同治理新格局，使政府部門、科技企業、設備開發與運營商及廣大市民等都能參與到城市建設之中。具體來看，智慧城市將從以下幾個方面為城市發展創造巨大價值，如表 4-2 所示。

表 4-2　智慧城市的實踐價值

序號	主要價值
1	藉助 5G、AR/VR、大數據、雲計算、物聯網、人工智能等技術，有效提高城市規劃項目決策科學性
2	通過打造智慧工地更好地開展項目目標管理和資源管理，增強項目管理的協同性，充分發揮廣大市民的監督作用
3	加快推進建築工業化，打通城市基建全產業鏈，並開展全生命周期管理
4	提高企業智慧化管理水平。智慧城建系統將為企業更精準、更高效、更低成本地獲取市場環境、目標用戶等信息提供有效幫助，從而增強企業對市場環境與用戶需求變化的應對能力
5	推動市場管理模式創新。在智慧城建理念的指引下，住建部建設了"四庫一平台"（"四庫"包括企業數據庫基本信息庫、註冊人員數據庫基本信息庫、工程項目數據庫基本信息庫、誠信信息數據庫基本信息庫；"一平台"為一體化工作平台），通過對項目、企業等大數據進行分析，創新城市管理手段，提高城市管理水平

5G 帶來的不只是網絡速度的快速提升，還能推動商業模式和思維模式變革，對人們的日常生活與工作產生深刻影響。5G 讓人類具備更強的洞察能力，能夠有效提升效率，推動創意創新，在交通、工業、娛樂等諸多領域具備廣闊的發展前景。

智慧城市建設將因 5G 的應用大為受益。在智慧城市概念剛出現時，其核心支撐技術是 PC 和互聯網技術，主流應用場景是電子商務和電子政務。之後，隨著移動互聯網時代來臨，智能手機和移動互聯網技術成為智慧城市建設的核心支撐技術，增加了移動支付這一全新的應用場景，"以人為中心"的城市發展理念漸成主流。

　　移動互聯網窄帶大連接技術的發展推動智慧城市建設邁向基於物聯網搭建城市神經網絡、基於人工智能搭建城市大腦的新階段，智慧交通、智慧環保、智慧消防等多種應用場景得以落地。現階段，5G 技術的發展讓萬物互聯的智慧城市有了落地的可能。

　　和前幾代通信技術相比，5G 基礎模塊體積更小、分佈更加密集，在網絡連接效率、穩定性、安全性等方面具有明顯優勢。需要指出的是，由於 5G 基礎設施建設需要付出較高的成本，僅依靠運營商的投資遠遠不夠，政府應在資金、政策等方面給予大力支持。

　　美國在 5G 技術研發與應用方面走在世界前列。依託 5G 提供的低時延、高效率的無線通信網絡，美國智慧城市建設進程進一步加快，在智慧城市交通、智慧電網管理等智慧城市探索項目中取得了不錯的成績，創造了價值約 1600 億美元的成本控制和經濟收益，滿足美國民眾遠程辦公、在線學習、高效出行等方面的需求。

　　根據埃哲森（Accenture）發佈的一份報告顯示：2017 年以來，美國運營商為推進 5G 技術發展與應用累計投資超過 2750 億美元，其中，基礎設施建設投資達 930 億美元，剩餘部分資金則用於網絡設備研發部署、開展工程項目等。除了直接創造經濟效益外，通過發展 5G 技術，美國將新增 300 萬個工作崗位，創造 5000 億美元的 GDP 增長。

　　得益於高效率、低時延的網絡對遠程辦公、在線學習、技能認證等方面的支持，勞動力競爭將得以優化，這同樣可以創造數十萬個工作崗位。對於芝加哥等大型城市，5G 技術預計能創造 9 萬個工作崗位;對於人口數在 3 萬 ~ 10 萬間的中小城市,5G 技術預計能創造 300 ~ 1000 個工作崗位。整個加利福尼亞州將因為 5G 技術的發展新增 1.1 萬個就業機會,而受 5G 技術影響的工作崗位將達到 37.5 萬個。

此外,在 5G 技術的支持下,街燈、下水道等城市基礎設施智慧化進程將明顯加快,應用程序響應速度、設備連接能力與效率將大幅提升,為滿足民眾高品質生活需求奠定良好的基礎。

5G 技術可以採用小單元基建模式,實現分佈式"基建"模塊部署,不需要運營商投入過多成本,只需將相關設備部署在現有路燈、電線杆、建築物上即可。通過這種方式,信息傳輸效率將得以大幅提升,傳輸規模將進一步擴大,單一模塊故障導致的系統整體運行受阻問題將得以妥善解決,同時,還能為用戶提供更加多元化、個性化的優質服務。

第三部分

特高壓

第 5 章

特高壓：推動智慧能源革命

特高壓：未來能源主動脈

電能的應用被稱為能源領域的第三次重大革命，引導社會生產進入技術密集型時代，規模化生產、批量化生產應運而生。過去幾十年，電力為中國工業、農業等產業的現代化奠定了堅實的基礎，為很多新型產業的出現創造了條件，為技術發展、科技進步提供了重要支持。"科技是第一生產力"這一法則始終未變，為推動中國電網技術持續發展，為中國經濟、社會發展提供強有力的支撐，中國電網人始終堅持科技創新，努力突破重大技術難關，勇攀電力科技高峰。

近幾年，在國家創新發展戰略的引導下，國家電網在特高壓、智能電網、柔性直流輸電、大電網安全控制、新能源並網等領域取得重大突破。尤其是在特高壓領域：2012 年，國家電網自主研發的"特高壓交流輸電關鍵技術、成套設備及工程應用"獲國家科技進步特等獎；2017 年，中國電網自主研發的"特高壓 ±800kV 直流輸電工程"獲國家科技進步特等獎。

特高壓全稱特高壓輸電技術，指的是 1000kV 及以上的交流電和±800kV（±750kV）及以上的直流電傳輸技術。在特高壓之下還有高壓、超高壓，其中高壓線路指的是電壓等級在 10～220kV 的輸電線路，超高壓指的是電壓等級在 330～750kV 的輸電線路。

高速發展的社會經濟對輸電距離與輸電容量提出了更高的要求，促使輸電技術不斷進步，更高電壓等級的電網持續發展。電壓等級越高，對技術的要求也就越高，因此，輸電網的電壓水平在一定程度上反映了電網容量、覆蓋區域、輸電距離以及輸電技術水平。一直以來，中國輸變電行業都處於追隨地位，特高壓輸電技術的發展改變了這一局面，確立了中國輸變電行業在國際上的領先地位，堪稱新時代的中國重器，是中國製造的"金色名片"。

一、對內優化能源佈局，對外打造中國名片

（1）"穩"經濟、保增長，帶動多產業發展。

特高壓輸電工程基礎設施建設不僅可以拉動與之配套的中低壓及配網建設，還能憑借其對上下游關聯產業的配套需求，帶動電纜線路、輸電鐵塔、特高壓核心設備、電氣設備、通信設備等產業發展，為社會提供更多就業崗位，加快各細分行業復工復產進度，促進國民經濟實現穩定發展。

（2）"調"能源、優供給，提升能源利用效率。

目前，中國電力能源分佈呈現能源中心與負荷中心逆向分佈狀態，西北部電量富餘，中東部電力需求緊張。在"西電東調"，解決區域間電力資源分佈不均問題方面，特高壓技術發揮著極其重要的作用。同時，憑藉輸送容量大、傳輸距離遠、運行效率高和輸電損耗低等優勢，特高壓技術還可以提高輸電企業的運營效益，緩解用電方電力資源緊缺等問題，提高整個區域的能源利用效率。

（3）"立"名片、樹形象，打造中國製造品牌。

中國電力企業加大在特高壓輸電工程基礎設施建設領域的投入，可在

特高壓建設領域積累豐富的經驗。作為全球唯一對特高壓開展商業運營的國家，中國特高壓電網建設不僅可以為"一帶一路"沿線國家的電力基礎設施建設提供經驗，還可以為全球能源互聯網建設貢獻中國方案，在國際舞台上樹立一個全新的中國製造品牌。

二、特高壓商業化市場巨大，中國技術和產品引領全球

（1）歐美國家商業化停滯，新興經濟體市場需求旺盛。

早在 20 世紀中期，美國、日本等國家就開始研發特高壓輸電技術，建設特高壓電網並投入使用，但終因運營效益過低無法滿足企業持續發展需求而不得不停止運營或者降壓運營。半個世紀之後，2015 年，巴西、巴基斯坦等新興經濟體開始籌建特高壓。近幾年，中國電網與這些國家圍繞特高壓技術展開了一系列合作，為這些國家的特高壓輸變電網體系建設提供支持與助力。國際特高壓線路發展情況如表 5-1 所示。

表 5-1　國際特高壓線路發展現狀[1]

國家	建設 / 規劃時間	線路類型	運行狀態
日本	1992 年	1000kV 同杆並架線路 427km	500kV 降壓運行
蘇聯	1981 年	1150kV 特高壓線路 2362km	1994 年起降壓運行
意大利	1995 年	1050kV	1998 年降壓運行
美國	20 世紀 70 年代	—	停滯
巴西	2015 年	800kV 直流特高壓 2076km	2019 年建成

（2）中國特高壓技術和商業化全球領先。

2006 年至今，中國特高壓電網建設可分為四個階段：2006—2008 年

1　數據來源：國家電網，賽迪顧問整理。

是實驗探索階段，2011—2013 年是第一輪發展高峰期，2014—2016 年是第二輪發展高峰期，2018 年 9 月至今是第三輪發展高峰期。在前三個階段，中國在特高壓電網建設領域共投入 5012 億元。在目前所處的第四個階段，中國共規劃了 12 條特高壓線路，預計投資規模將突破 1500 億元。經過十多年的發展，中國特高壓電網基本完善，特高壓線路長度、變電容量、輸電能力等穩步提升。截至目前，中國在運特高壓線路共 25 條，在建特高壓線路共 7 條，待核準特高壓線路共 7 條。

中國特高壓十年回望

2009 年 1 月 6 日，全球首條商業化運營的特高壓交流工程 ——"晉東南—南陽—荊門特高壓交流試驗示範工程"正式投入運營，成為中國電網電壓等級躍升到 1000kV 的重要標誌。截至 2019 年 1 月 6 日，該工程已運行了十年。在這十年間，國家電網建設運營的特高壓線路西穿戈壁，東抵海濱，南跨群山，北連雪原，"八交十直"串珠成線、連線成網，開創了"西電東送、北電南供、水火互濟、風光互補"的能源互聯網新局面。

中國縱橫交錯的特高壓電網不僅解決了電力資源區域分佈不均的問題，優化了電能配置，而且在推動中國能源轉型升級、推進電力科技創新方面發揮了積極作用，其影響甚至突破國界延伸到了全世界。

"晉東南—南陽—荊門特高壓交流試驗示範工程"於 2006 年 8 月正式開工。為了建設這項工程，國家電網在前期做了一系列準備。2004年，國家電網組織完成"特高壓輸電技術及經濟可行性研究"課題，特高壓發展戰略全面啟動。此後，國家電網廣泛吸納人才，30 多位院士、

3000 多位科研人員、10 多所高校、500 多家建設單位、200 多家設備廠商共計幾十萬人為這一工程付出了心血。

在這十多年的時間裏，中國特高壓建設碩果纍纍：

2010 年 7 月 8 日，"向家壩—上海 ±800kV 特高壓直流輸電示範工程"正式投入運營。

2012 年 12 月 12 日，"四川錦屏—江蘇蘇南 ±800kV 特高壓直流輸電工程"投入運營。

2013 年 9 月 25 日，世界第一個同塔雙回路特高壓交流輸電工程——"皖電東送淮南—上海 1000kV 特高壓交流工程"正式投入運營。這一項目標誌著中國在高壓交流輸電技術開發、裝備製造和工程應用方面達到了世界最高水平。

2014 年 1 月 27 日，"哈密南—鄭州 ±800kV 特高壓直流輸電工程"投入運營，這一工程有個非常好聽的名字——"電力絲綢之路"。

2014 年 4 月 6 日，"溪洛渡左岸—浙江金華 ±800kV 特高壓直流輸電工程"完成雙極低端送電。

2014 年 4 月下旬，"1000kV 淮南—南京—上海特高壓交流工程"通過有關部門核准，正式進入籌建階段。

……

經過十多年的發展，在電網人的不懈努力下，以能源豐富的地區為起點，以能源需求緊張的中東部地區為落點，國家電網建設了"八交十直"特高壓網絡，滿足了中東部地區 70% 以上的電力需求。

隨著經濟社會發展速度不斷加快，特高壓電網建設的意義逐漸顯現：

例如，2018 年夏，江蘇省的用電負荷連續破億，為滿足江蘇省的電力需求，多條特高壓線路從西南、華北、華東等地向其輸電 2100 萬千瓦。同年，1000kV 淮南 — 南京 — 上海交流特高壓輸變電工程蘇通 GIL 綜合管廊工程盾構隧道貫通，進入電氣安裝階段。這一工程的順利完工標誌著華東特高壓交流環網正式形成，可使華東地區外受電能力得以大幅提升。

與此同時，"±800kV 青海 — 河南特高壓直流工程" 正式開工，這是世界上第一個以服務光伏發電，對清潔能源進行打捆外送為目的的特高壓工程，是中國 "五交五直" 工程中首個開工的工程，新增 7000 多個就業崗位，可帶動數萬人就業。

2018 年，中國特高壓電網建設呈現飛躍式發展。除上述工程外，"±1100kV 昌吉 — 古泉特高壓直流工程" 正式進入雙極低端運行階段，這是目前世界上技術水平最高的特高壓輸電工程。

截至目前，國家電網創造了許多世界之最：全球併網規模最大、電壓等級最高、資源配置能力最強、大面積停電事故最少（為零）等。隨著 "一帶一路" 建設不斷推進，中國電網人在不斷探索特高壓技術，在國內興建特高壓工程的同時，也將中國的特高壓技術帶出國門，走向世界。

2014 年 10 月，由中國國務院國資委新聞中心出品的《感知中國企業》形象片登陸美國紐約時代廣場。在這部僅長 30 秒的短片中，特高壓是一項重要內容。與此同時，在巴西的美麗山，中國特高壓 "走出去" 的第一個工程 ——"±800kV 特高壓直流輸電一期工程" 正式開工，利用特高壓線路將電力資源從美麗山水電站輸送到東南部經濟發達地區，滿足該地區對電力資源的需求。這項工程在 "偉大的變革 —— 慶祝改革開放 40 周年大型展覽" 中引起了廣泛關注。

在發展特高壓項目的過程中，中國電工設備製造企業的研製能力、生產能力不斷提升。特變電工、西電集團等企業自主研發生產的直流輸電設備就在巴西美麗山水電特高壓直流輸電工程中得到了廣泛應用。這說明，隨著特高壓技術不斷發展，中國電工電氣企業的國際競爭力必將不斷提升。

目前，中國已率先建立特高壓輸電技術標準體系，該體系由 168 項國家標準和行業標準組成。在中國電力行業及相關國家機構的努力下，國際電工委員會成立特高壓直流和交流輸電技術委員會，秘書處設在中國。自此，中國在國際電工標準領域擁有了較大的話語權。

經過中國電網人十多年的不懈努力，如今，中國特高壓站上了一個新的起點，未來要朝著高質量、高效率、可持續發展的方向前進，在能源轉型過程中發揮積極促進作用。

科技創新與能源革命

"十三五"以來，中國風電項目有序發展，相關技術不斷進步，成本持續降低。國家能源局發佈的數據顯示，2019 年第一季度末，全國風電累計併網裝機容量達 1.89 億千瓦，已達到"十三五"規劃目標的 90%。其實，早在 2012 年，中國併網風電裝機容量就已超過美國，成為世界第一風電裝機大國。

中國發展風電的緣由與許多國家一樣，即調整能源結構，發展清潔能源，降低大氣污染。但與其他國家不同的是，日漸嚴重的霧霾加速了中國風電發展進程。2012 年冬，霧霾使中國 1/4 國土面積上近 6 億人深受影響。2013 年 9 月，國務院出台《大氣污染防治行動計劃》，明確提出要盡快調整能源結構。2014 年 5 月，為防治大氣污染，國家決定加快大氣污染防治行動計劃中提到的 12 條重點輸電通道建設，其中就包括"四交四直"特高壓工程。同年，中央經濟工作會議將轉變經濟發展方式，調整產業結構放到了重要位置。

2015 年，黨的十八屆五中全會召開，會議通過了《中共中央關於制定國民經濟和社會發展第十三個五年規劃的建議》，明確提出"創新、協調、綠色、開放、共享"的發展理念，再一次堅定了發展清潔能源的決心。2016 年 3 月召開的"兩會"，將"特高壓輸電"正式列為"十三五"規劃重大項目，並將其寫入了政府工作報告。2012 年至今，從風電到特高壓，中國一直在以新技術、新方式探索新能源，推動能源革命的開展。

一、科技創新：推動節能減排

過去幾十年，中國電力發展始終堅持"就地平衡"的原則，哪裏有需求就在哪裏建電廠。因為東中部經濟發展速度較快，對電能需求較大，所以這些地區聚集了大量火電廠，環境污染非常嚴重。經濟的高速發展需要消耗大量能源，作為快速發展的發展中國家，中國能源消費在世界排名第二，導致中國絕大多數城市的大氣污染物排放已經達到了區域環境質量達標值允許的最大排放量。

對於中國來說，調整能源結構、防控大氣污染已經迫在眉睫。特高壓電網建設與運營將使這一情況得到極大改善。國家電網公司發佈的數據顯示，2009—2011 年，1000kV 晉東南—南陽—荊門特高壓交流輸電線路累計送電 209 億千瓦時，其中華北地區向華中地區輸送火電共 130 億千瓦時，相當於 420 萬噸煤；華中地區向華北地區輸送水電共 79 億千瓦時，幫助華北地區減少燃煤消耗 255 萬噸。

特高壓電網被譽為"電網高速公路"，在節能減排領域做出了突出貢獻，不僅有利於區域經濟協調發展，還能使環保空間實現優化利用，提高土地資源利用率，減少煤炭燃燒及二氧化碳排放，真正實現節能減排。

二、能源革命：開啟綠色能源之路

受益於"向家壩—上海 ±800kV 特高壓直流輸電示範工程"，上海成為世界最大的"綠色城市"。據統計，四川向家壩每年要通過這一線路向上海輸送 350 億千瓦時的水電，減少燃煤消耗 1600 萬噸，減少二氧化碳排放 2600 萬噸。

在中國能源結構中，煤炭佔比達到了 70%。在全國大力推廣清潔能源的形勢下，四川地區的水電優勢將通過特高壓不斷放大。目前，中國工業化、城鎮化發展速度越來越快，能源消費需求持續增長，節能減排形勢非常嚴峻。在此形勢下，中國必須大力推廣清潔能源，以保證中國的能源安全，應對氣候變化，謀求可持續發展。

要想利用風能、水能、核能、太陽能等清潔能源，最常用的方式就是將其轉化為電能。中國的水能資源主要分佈在四川、雲南、西藏等地，風能主要分佈在華北、西北、東北等地和東部沿海地區，太陽能主要分佈在西部和北部的沙漠、戈壁灘等地，而能源需求大省主要分佈在華北、華中和華東等地。

為滿足清潔能源大跨度調運與配置的需求，中國必須建立大容量、遠距離的能源運輸通道，即特高壓電網。為此，加快特高壓工程建設也就成了必然之舉。2017 年底，"四交四直"特高壓線路全部投入運營，華北電網初步形成特高壓交流網架，京津冀魯新增受電能力 3200 萬千瓦，長三角新增受電能力 3500 萬千瓦，每年可減少排放 96 萬噸二氧化硫，53 萬噸氮氧化物和 11 萬噸煙塵，防控大氣污染的效果顯著。

藉西部、北部地區的清潔能源助推東中部地區的能源消費轉型，特高壓已成為中國經濟實現綠色發展的重要渠道。

經濟社會的"超級動脈"

從宏觀經濟層面來看，特高壓工程的投資規模比較大，新增就業崗位比較多，在穩定經濟發展、普惠民生方面發揮著非常重要的作用。2020年，國家電網公司明確在特高壓領域投入 1128 億元，這些項目可以帶動 2235 億元的社會投資，整體投資規模將達到 5000 億元。

特高壓的產業鏈非常長，包括電源、電工裝備、用能設備、原材料等，環環相扣，具有極強的帶動能力。例如，疫情逐漸穩定後，國家電網的特高壓項目復工，帶動一大批設備製造企業復工。湖南長高高壓開關有限公司就是其中的典型，該公司與國家電網公司簽訂合同，要為"青海—河南特高壓項目"提供 2300 萬元的設備。

一、拉動中國經濟發展的重要引擎

特高壓工程對經濟的促進作用是長期的，可帶動經濟社會高質量、可持續發展。

一方面，特高壓將中國的能源中心（西部、北部地區）和負荷中心（東中部）連接在一起，以西部、北部能源支持東中部經濟發展，同時讓東中部以其他形式反哺西部、北部，既實現資源優化配置，又解決兩端的發展難題。對於中國來說，這是均衡區域發展、改善國計民生的重要舉措。

另一方面，過去，中國電氣設備製造行業一直堅持"引進技術、消化吸收"的發展模式，特高壓成套輸電設備的成功研製徹底打破了這一模式，從基礎研究到工程實踐取得了重大突破，完成了從"中國製造"到"中國創造"乃至"中國引領"的轉變。作為世界頂尖的輸電技術，特高壓工程建設不僅能夠推動高端裝備製造業發展，還能促使國家產業轉型升級。

　　除此之外，特高壓技術的發展不只惠及中國。隨著中國特高壓技術與設備相繼 "走出去"，特高壓還能造福世界。總而言之，作為新基建的重點項目，特高壓具有長期競爭力，是中國謀求未來發展的重要技術與工具。

二、未來投資機會與市場空間

　　（1）新一輪特高壓建設已經啟動。

　　2020 年 1 月，國家電網發佈 2020 年重點工作任務計劃，明確要在全年完成 7 條特高壓線路的核准工作，3 條當年開工，4 條預計在 2021—2022 年開工。建設一條特高壓線路一般需要 2～3 年的時間，所以，隨著新核准的特高壓線路數量不斷增加，未來 5 年，中國特高壓線路長度將持續增長，有望在 2025 年突破 4 萬千米。

　　在投資規模方面，中國新一輪特高壓項目計劃建設 12 條線路，投資 1586 億元。其中，3 條線路計劃在 2020 年開工，涉及投資金額共 600 億元。具體如表 5-2 所示。

表 5-2　中國新一輪特高壓工程簡介及投資規模[1]

序號	項目	類型	狀態	原規劃核准時間	投資額 / 億元
1	南陽—荊門—長沙	交流	待審核	2019	200
2	張北—雄安	交流	已開工	2018Q4	60
3	駐馬店—南陽	交流	已開工	2018Q4	51
4	駐馬店—武漢	交流	待審核	2018Q4	50

1　數據來源：國家電網，賽迪顧問整理。

序號	項目	類型	狀態	原規劃核准時間	投資額／億元
5	南昌—武漢	交流	待審核	2018Q4	120
6	南昌—長沙	交流	待審核	2018Q4	
7	荊門—武漢	交流	待審核	2018Q4	50
8	青海—河南	直流	已開工	2018Q4	226
9	陝北—湖北	直流	已開工	2018Q4	185
10	雅中—江西	直流	已開工	2018Q4	244
11	白鶴灘—江蘇	直流	待審核	2019	200
12	白鶴灘—浙江	直流	待審核	2019	200
合計					1586

（2）"一帶一路"催生國際合作新機遇。

隨著"一帶一路"建設的不斷推進，以特高壓為代表的國際能源合作有望成為中國高新技術"走出去"的典型代表。據統計，目前，國家電網與周邊國家合作建成的互聯互通輸電線路已有 10 多條，並計劃繼續推進與俄羅斯、蒙古、巴基斯坦等國家的合作，計劃到 2030 年完成 9 項跨國特高壓輸電工程。

三、中國特高壓行業重點關注領域

（1）特高壓核心設備。

在大力推進特高壓建設的過程中，特高壓核心設備需求將大幅增長。為此，相關企業要對直流控制保護系統、換流變壓器、並聯電抗器、主變壓器、GIS 組合電氣等核心設備予以重點關注。從長期發展的角度來看，建議對並聯電抗器（1000kV）、變壓器（1000kV）等特高壓交流輸電設備予以重點關注。

（2）原材料領域。

原材料領域的相關技術已經比較成熟，產業化水平較高，資金回籠周期較短，短期內可將矽鋼、銅、絕緣材料等視為重點關注領域。

（3）智能電網。

目前，智能電網正處在快速發展階段。隨著電網的智能化水平不斷提升，信息通信需求將持續擴大。在電力信息通信領域，可將移動通信網和衛星通信網的相關應用視為重點關注領域。在硬件領域，可將智能電表作為重點關注領域。在電力數據領域，可將電力領域的專業化雲平台、國網雲、能源大數據視為重點關注領域。在人工智能與區塊鏈領域，可將電網調度、綠色證書、電子發票、光伏補貼等視為重點關注領域。

（4）泛在電力物聯網。

目前，泛在電力物聯網正處在快速發展階段，可將傳感器、柔性輸電技術視為重點關注領域。從中長期看，隨著電力物聯網不斷發展，各區域的信息化與自動化水平將不斷提升，電網調度自動化技術和國網信息化建設領域將出現一些投資機遇。

第 6 章

智慧電網：電力數字化轉型

低壓用電信息採集

　　錢江世紀城地處杭州一環中心，與錢江新城擁江而立，從灘塗變良田，從偏僻農村到國際化城區，錢江世紀城成為杭州蕭山建設的樣本工程。夜晚走在公路上，一眼望去，映入眼簾的是霓虹燈下的一派繁華，很難看到電線杆、電線，以至於讓人忽略了其電力設施。

　　但電無所不在，原來，蕭山區供電公司積極打造智慧電網和泛在電力物聯網。在地下，該公司利用縱橫交錯的電纜將變電站與開閉所連接起來，打造了一張四通八達的地下電網。依託該電網，蕭山區供電公司可為當地區民與企業提供故障主動搶修、智慧用能建議等優質用電服務。

　　在故障主動搶修方面，蕭山區供電公司安裝智能配變終端與低壓線路監測終端，從而對配電關鍵節點用電量、電壓、電流等數據進行彙總，實現開關站—配電線路—配電變壓器—低壓配電線路—用戶用電狀態的全流程用電監測服務。

　　當電力設備出現故障時，智能配變終端藉助邊緣計算技術，快速分析故障數據之後傳輸給雲端主站進行綜合研判。這使電力工作人員在用戶報修前，就能精準掌握故障位置、原因等，並組織維修團隊實施主動搶修，同時，系統主動向受影響的居民發送停電信息，告知居民停電原因與預計恢復時間。

在智慧用能建議方面，蕭山區供電公司藉助智能配變終端，對家庭、企業等用戶用電行為進行分析，從而描繪立體化的用戶畫像，在此基礎上，便可以為用戶提供個性化的智慧用能建議。

比如當電動汽車在充電樁充電時，充電樁配備的低壓線路終端可實時監測充電負荷、充電周期特性、充電狀態等，後台工作人員可一鍵查看充電樁運行信息，根據用戶用電量、充電頻率等，完善配電網及充電樁，引導用戶安全、有序充電，同時，該過程中節省下來的電力運維成本，可以以優惠活動的形式反饋給用戶，從而實現價值共創。

智慧電網指的是電力傳輸網絡體系，也被稱為 "電網 2.0"，最大的特點就是 "電力流" "信息流" 和 "事務流" 高度交融，可以更好地檢測動力消耗，支撐負載平衡，降低動力成本，提高動力輸送及運用功率，減少故障發生概率，縮短故障維修時間，提高整個電網的安全性、靈活性，讓電商與用戶實現雙向互動。

在智慧電網的建設過程中，對於電力用戶的用電信息採集系統的建設是非常關鍵的。通過建設好的用電信息採集系統，可以及時、完整、準確地掌握用戶用電信息。系統採集的用戶用電信息將作為收費依據，牽涉到千家萬戶的利益，系統的控制功能影響到用戶的停電、送電。

低壓用電信息採集指的是對電力用戶的用電信息進行採集、處理、監控，藉助 5G（邊緣計算）技術，實現用戶信息自動採集、用電分析與管理、計量異常監測、相關信息發佈、電能質量監測、智能用戶設備信息交互、分佈式電源監控等功能。

目前，電力用戶用電信息採集的主要業務是計量、傳輸數據，包括終端上傳主站的狀態量採集類業務以及主站下發終端（下行方向）的常規總召命令，上行流量比較大、下行流量比較小，現有通信方式以230M、無線公網和光纖傳輸方式為主，各類用戶終端使用集中器，主站由省公司集中部署。早期，信息採集每天會佈置24個計量點。目前，信息採集主要採用兩種，一種是每隔5分鐘採集一次，另一種是每隔15分鐘採集一次，每天的0點是統一採集點。

未來，隨著新業務不斷發展，用電信息數據需要實時上報。同時，隨著終端設備的數量不斷增多，用電信息採集將延伸到家庭，藉助5G技術，電力企業有望獲取所有用點終端的負荷信息，通過更精細化的方式實現供需平衡，實現錯峰用電。例如，目前，歐美等國正在實行階梯報價機制，需要實時公示電價，讓用戶可以按需採購。

智能配電自動化

從電流走向來看，電網主要包括發電、輸電、變電、配電、用電五個環節。通過對電力行業進行充分調研可以發現，電網對無線通信有著大量潛在需求。在未來的智慧電網中，5G有四大應用場景，分別是智能分佈式配電自動化、毫秒級精準負荷控制、低壓用電信息採集、分佈式電源。

配電自動化是一個綜合信息管理系統，融合了計算機技術、數據傳輸、控制技術、現代化設備及管理等諸多技術與設備，具有諸多優點，比如提高供電系統的可靠性、穩定性，使電能質量更高，提高用戶服務質量，降低運行費用，減輕勞動強度。具體來看，配電自動化的發展主要經歷了三個階段：

- 第一階段：這個階段是基於自動化開關設備相互配合的配電自動化階段，使用的設備主要包括重合器與分段器等，無須建設通信網絡與計算機系統。一旦電力系統發生故障，就能立即通過自動化開關設備的相互配合對故障進行隔離，恢復供電。但從整體來看，這一階段的配電自動化系統主要局限於自動重合器與備用電源自動投入裝置，自動化程度較低。但目前，在配電自動化領域，這些系統仍在大範圍應用。

- 第二階段：這個階段的配電自動化系統是以通信網絡、饋線終端單元、後台計算機網絡為基礎構建起來的，既能保證配電網絡正常運行，又能對配電網的運行狀況進行監控，還能改變配電網的運行方式，及時察覺配電網故障。一旦電網發生故障，調度員就能通過遙控將故障區域隔離開來，恢復供電。

- 第三階段：隨著計算機技術不斷發展，在第二階段配電自動化系統的基礎上，通過增添自動控制功能形成了配電自動化系統。配電自動化系統由兩大系統組成，一是集配電網 SCADA 系統、配電地理信息系統、需方管理、調度員仿真調度、故障呼叫服務系統和工作管理等於一體的綜合自動化系統，二是集變電所自動化、饋線分段開關測控、電容器組調節控制、用戶負荷控制和遠方抄表等系統於一體的配電網管理系統，功能有 140 多種。

目前，最主流的方案就是集中式配電自動化方案，在這個方案中，通信系統的主要功能是傳輸數據業務，包括終端上傳主站的遙測、遙信信息採集、主站下發終端的常規總召、線路故障定位隔離、恢復時的遙控命令等，上行流量比較大，下行流量比較小，主站集中部署在各個地市。

近幾年，人們對電力可靠供電的要求不斷提升，要求高可靠性供電區域可以實現不間斷供電，將供電事故隔離時間縮短至毫秒級，做到區域不停電，這就對集中式配電自動化系統中的主站集中處理能力與時延提出了更加嚴格的要求。而 5G 能夠保障其通信要求。

所以，未來，在配電自動化領域，智能分佈式配電自動化將成為主流發展趨勢。智能分佈式配電自動化的主要特點是將原來主站的處理邏輯下沉到智能配電化終端，藉助 5G 網絡，通過各終端之間的對等通信實現智能判斷、分析、故障定位、故障隔離、非故障區域供電恢復等操作，讓整個故障處理過程實現全自動化，最大可能地減少故障停電時間和範圍，將配網故障處理時間縮短至毫秒級。

精準負荷控制

電力負荷控制系統是一個集現代化管理、計算機應用、自動控制、信息等多學科技術為一體，實現電力營銷監控、電力營銷管理、營業抄收、數據採集和網絡連接等多種功能的完整的系統。一旦電網發生故障，負荷控制就會通過穩控系統切除負荷，保證電網可以維持穩定運行。同時，負荷控制會通過第三道防線的頻低壓減載裝置完成負荷減載，防止電網崩潰。通過穩控裝置集中切負荷會產生非常大的社會影響，同時，電網第三道防線措施也會導致用電負荷產生更大面積的損失。

目前，在特高壓交直流電網建設過渡階段，保證電網安全的重要措施依然是安全穩定控制系統建設。為保證直流故障後電網依然能穩定運行，電力企業一般會採用多直流提升、抽蓄電站切泵等方式來平衡電網功率缺損。但如果直流電網發生嚴重故障，這種方式很難阻滯電網頻率跌落，仍需緊急切負荷。

而採用基於穩控技術的精準負荷控制系統，以生產企業內部的可中斷負荷為控制對象，既能應對一些緊急情況，還能將社會影響、經濟損失降到最低。所以，從目前的情況來看，基於穩控技術的精準負荷控制系統是負荷控制系統的一大創新。

傳統配電網絡因為缺少通信網絡的支持，切除負荷的方式非常直接 —— 切除整條配電線路。如果立足於業務影響、用戶體驗，電力企業一定希望儘可能減少對用戶的影響，希望可以對配電網絡進行精準控制，優先切斷可以中斷的非重要負荷，例如電動汽車充電樁、工廠內部非連續生產的電源等，將對重要用戶的影響降到最小。

分佈式電源

分佈式電源指的是建立在用戶端基礎上的能源供應方式，可以獨立運行，也可以併網運行，主要包括風力發電、太陽能發電、電動汽車充電站、儲能設備及微網等。隨著中國能源變革不斷推進，清潔能源的快速併網與全部消化逐漸成為電網企業亟須解決的問題。

中國分佈式電源發展速度非常快，佔比以年均 1% 的速度持續增加。預計到 2020 年，中國分佈式電源裝機容量能夠達到 1.87 億 kV，在全國總裝機容量中的佔比將達到 9.1%。在鞏固智慧電網發展的過程中，接入分佈式能源是非常重要的一個環節。

分佈式能源接入電網可產生巨大效益，除了能夠節省輸電網的投資成本外，還能提高整個電力系統的可靠性，對電網提供緊急功率和峰荷電力支持，同時還能提高電力系統運行的靈活性。例如，在風暴與雨雪天氣，電力網絡遭到大規模破壞，這些分佈式能源可以自己形成孤島或微網，為交通樞紐、醫院、廣播電視等重要用戶提供應急供電。

但分佈式電源併網也給配電網運行的安全性、穩定性帶來了一系列挑戰。因為傳統的配電網設計沒有考慮分佈式電源的接入問題。分佈式電源接入配電網之後，整個配電網的網絡結構將發生根本性改變，將從原本的單電源輻射狀網絡轉變成雙電源甚至多電源網絡，配網側將變得更加複雜。因為用戶可能是用電方，也可能是發電方，電流將呈現出雙向流動、實時變化等特點。所以，配電網亟須發展 5G 和區塊鏈等新技術、新工具，比如分佈式電源監控系統，以提高配電網的運行效率、穩定性、靈活性。

分佈式電源監控系統可以對分佈式電源進行監視、控制，由分佈式電源監控主站、分佈式電源監控子站、分佈式電源監控終端和通信系統等部分組成，具備多種功能，例如數據採集和處理、有功功率調節、電壓無功功率控制、孤島檢測、調度與協調控制及與相關業務系統互聯等。

綜上所述，在智慧電網的各種應用場景中，不同場景下的業務要求具有較大的差異，這些差異主要體現在不同的技術指標要求上。電力運營企業與網絡設備商應根據這些技術指標要求對電網的技術指標與架構設計進行量化，包括對 5G 網絡切片的安全性要求、業務隔離要求、端到端的業務時延要求進行量化，對網絡能力開放要求與網絡管理界面進行協商，對商業合作模式與未來的生態環境進行探討，為電力企業提供能夠滿足多場景、差異化要求的解決方案，並進行技術驗證與示範。

第四部分

城際高速鐵路和城際軌道交通

第 7 章

城際高鐵：邁向交通強國之路

高鐵經濟：重塑城市格局

近年來，中國城市化進程日漸加快，廣大民眾出行需求迅猛增長，然而中國交通基礎設施的不均衡、不充分發展，並不能使這些需求得到很好的滿足，進而影響了人們的獲得感、幸福感。這種背景下，加快構建佈局合理、覆蓋廣泛、高效便捷、安全經濟的現代鐵路網絡尤其是高速鐵路網顯得尤為關鍵。

大力推進中國高鐵建設，不但有助於提高交通效率，降低人們出行的時間成本，還能強化城市綜合發展能力，推進城市協同發展，促使中國城市整體轉向高質量增長階段。

一、高速鐵路影響城市人口的分佈

人們在選擇居住地時，會綜合考量交通成本、住房成本、生活便利性等，而城市中心區域往往擁有更為完善的基礎設施，是人們的理想居住地。但城市中心區域居住空間有限，高昂的生活成本使很多人只能望而止步，但如果居住的位置太過偏遠，每天過高的出行成本，又會顯著降低人們的生活質量，這讓很多在城市奮鬥的年輕人感到非常苦惱。

而高鐵的出現為解決這一問題提供了新的思路，高鐵較高的運行速度、相對較低的票價，可以讓居住在城市郊區甚至鄉鎮的人快速、低成本地到達城市中心區域，大幅度提高人們日常生活的可達範圍。因此，當城市內有了四通八達的高鐵網後，很多在城市中心區域無法安家的居民可以選擇在靠近地鐵站的郊區安家。

二、高速鐵路影響著城市經濟的發展

　　（1）建設高鐵能夠直接為城市帶來巨大的經濟效益。

　　以京滬高鐵為例，京滬高鐵 2008 年開工當年完成投資共 552 億元，刷新了中國鐵路單一項目完成投資紀錄。根據定額測算分析，完成該規模投資將產生 200 多萬噸鋼材、1200 多萬噸水泥、10 多萬噸外加劑需求，並創造近 60 萬個就業崗位。更為關鍵的是，高鐵產業鏈包含了上游鐵路基建環節、中游整車製造和機械設備環節以及下游信息系統環節，推進高鐵建設，可以帶動機械、冶金、電力、信息、橡膠、計算機、精密儀器、合成材料等一系列相關產業發展。

　　（2）高鐵可以有效加快核心城市經濟圈的發展速度。

　　高鐵能夠縮短城市時空距離，增進城市間的交流合作，有效加快信息、技術、人才、物質資料等經濟要素的流通效率。美國、日本、中國等多個國家的高鐵發展實踐證明，高鐵覆蓋範圍內的城市在經濟、文化等方面的聯繫會更加緊密，距離較近的城市甚至會形成相互依靠的產業經濟圈，從而加快形成核心城市經濟圈。

三、高速鐵路影響著城市形態的形成

　　在城市發展過程中，其空間組織形態在不斷變化，早期的城市空間組織形態通常呈獨立分散型結構，之後演變為單中心結構，接著是多中心結構，最後將是實現區域空間一體化的網絡結構。城市整體及各個組成部分（如工業區、住宅區、商業區等）在空間地域中的分佈形狀被稱為城市形態。

城市形態變化是多種因素綜合作用的結果，除了交通運輸方式變化外，自然環境變化、政府部門的政策調整等，也會影響城市形態變化。而交通方式的進步正是促使城市形態變化的重要驅動力。通常情況下，公路會使城市結構更加稀疏鬆散，而鐵路會使城市結構更加緊密。

同時，高鐵也會影響沿線政府的發展政策。舉個例子，高鐵項目開始建設時，沿線地方政府都會給予高度重視，並分析高鐵項目建成後會對城市發展帶來的影響，以便進一步完善城市發展政策，充分利用高鐵帶來的紅利。

四通八達的交通網絡

城際高速鐵路即城際高鐵是指滿足相鄰城市之間開行城際列車、運行城際旅客需求，採用高標準設計，且能讓列車安全高速行駛的鐵路系統。城際高鐵包括單式城際高鐵與複式城際高鐵兩大類。其中，單式城際高鐵連接的是兩個城鎮，而且僅服務兩個城鎮間的出行需求（如瀋撫城際鐵路、京津城際鐵路、廣深城際鐵路等）；複式城際高鐵是指連接多個城鎮，而且同時服務多個城鎮間出行需求的高鐵。

城際高鐵是連接城市的重要交通運輸方式。為了更好地推進城際高鐵建設，我們首先需要理清城際高鐵的相關概念。

一、城際高速鐵路的定義

（1）廣義上的城際高鐵指的是城際高速鐵路系統，它包括城際高鐵基礎設施子系統、城際鐵路列車運行子系統及運輸產品與運輸服務營銷子系統。

（2）狹義上的城際高鐵指的是在客運專線上開行的、跨區域連接多個城市的城際列車，或者是列車以公交化開行的、滿足發達經濟區內客運需求的城際高速鐵路系統。

二、城際高速鐵路的功能

城際高鐵／高速列車是指在城際高速鐵路上開行的高鐵／高速列車。有的學者認為，城際高鐵列車是指在連接兩個城市的鐵路線上運行，且運行時間在 4 小時以內的高鐵列車。這種定義重點強調了城際高鐵的開行時間特性，屬於一種狹義上的高鐵列車。而廣義上的城際高鐵列車包括了所有在城鎮之間開行的、列車設備符合相關標準的高鐵列車。

從線路距離方面，城際高鐵列車可以分為區域經濟圈內的城際高鐵列車與跨區域連接多個城市的城際高鐵列車；從運輸服務類型方面，城際高鐵列車可以分為城際客運高鐵列車與城際貨運高鐵列車；從開行時間間隔方面，城際高鐵列車可以分為城際普通高鐵列車與公交化城際列車等。

三、發展城際高速鐵路的必要性

中國在城市化建設方面取得的驚人成就既體現了中國經濟社會的現代化發展，又體現了中國產業結構的優化升級。圍繞經濟發達城市，中國形成了七大城市群，即京津冀城市群、長三角城市群、粵港澳大灣區、成渝城市群、長江中游城市群、中原城市群、關中平原城市群。而這些城市群又形成了區域經濟，這使區域內的生產要素的配置更為科學合理，區域內城市實現組團式發展。

想要推動城市化發展，需要投入海量的人力、物力等資源，而完善交通基礎設施是城市化發展的關鍵所在。改革開放以來，中國交通基礎設施建設取得了纍纍碩果，初步形成了覆蓋全國的鐵路、水運及航空的綜合運輸網絡，為中國提高生產要素配置效率，推動產業結構優化，緩解區域間不平衡發展等帶來了巨大推力。

但需要指出的是，中國現有的交通基礎設施規模、技術水平、服務品質等仍有很大的提升空間。很多城市的運輸能力、運網規模等並不能滿足市民出行需要，從而限制了城市經濟社會的進一步發展。尤其是京津冀、珠三角等實現多個城市組團式發展的城市群，更需要建設高水平的交通基礎設施網絡。

從美國東北部大西洋沿岸城市群、日本太平洋沿岸城市群、北美五大湖城市群、歐洲西北部城市群等世界知名城市群體的發展經驗來看，發達城市群內普遍配備了涵蓋高速鐵路、高速公路、航道、運輸管道、通信幹線、電力輸送網、給排水管網體系的區域性基礎設施網絡；每一個城市群內的產業與城鎮密集分佈的走廊都是利用完善的交通、通信網絡相連接。

然而打造並運營區域交通網絡並沒有通用的模板，城市管理者需要結合城市的歷史、經濟、地理、技術、資源等多種因素制定相關方案。公安部公佈的數據顯示，2019 年全國汽車保有量達 2.6 億輛，其中私家車保有量突破 2 億輛，全國已有 66 個城市汽車保有量超過百萬輛，30 個城市超200 萬輛，北京、成都、重慶、蘇州、上海、鄭州、深圳、西安、武漢、東莞、天津等 11 個城市超 300 萬輛。

如此龐大的汽車保有量對石油資源的消耗是非常驚人的：中國是世界上最主要的石油進口國，目前中國原油對進口的依賴程度超過 70%。這種背景下，對交通運輸結構進行優化調整，大力發展運輸能力強大、節能環保的高速鐵路是很有必要的。

國家發展改革委發言人在 2020 年 1 月 19 日舉辦的新聞發佈會上表示，未來將著力推進項目實施，加大對重點城市群、都市圈城際鐵路、市郊鐵路和高等級公路規劃建設。可以預見的是，在國家相關政策鼓勵、地方政府大力支持的利好條件下，中國城際高速鐵路建設有望迎來新一輪快速增長期。

融資渠道與建設路徑

　　城際高鐵項目具有投資成本高、工程周期長、投資回報周期長的特點，如何有效解決其資金問題成為政府部門面臨的一個重要問題。在城際高鐵項目融資過程中，政府部門不但要充分利用好銀行等傳統融資渠道，還應積極創新，嘗試一系列現代融資方式，有效拓寬資金來源。

　　城際高鐵項目兼具公益性與商業性，因此，建設這類項目時，可採用鐵路公司、地方政府、投資機構聯合投資的方式。結合中國當前的投融資體制現狀，城際高鐵項目融資可採用以下幾種措施，如圖 7-1 所示。

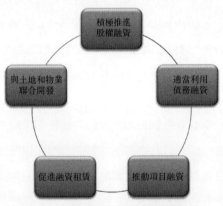

圖 7-1　城際高鐵項目融資的具體措施

一、積極推進股權融資

目前，中國鐵路資產負債率較高，而實施股權融資可以降低負債率，在同等負債率水平下實現更大規模的融資，而且還能幫助鐵路公司建立並完善現代企業制度，有力推動其品牌建設等。因此，股權融資不失為城際高鐵項目的一項有效融資手段。在融資實踐過程中，融資單位可採用私募、A股公開發行上市、H股公開上市等方式。

二、適當利用債務融資

城際高鐵項目債務融資主要是利用國家開發銀行與建設銀行的政策性、投資性貸款及發行鐵路債券。國家開發銀行還可以發起成立銀團，然後通過銀團為城際高鐵項目貸款，從而解決其資金問題。需要注意的是，在城際高鐵項目債務融資過程中，融資單位尤其需要注意控制融資成本，比如可以採用銀行貸款、出口信貸、銀團貸款、企業債券等多種債務融資方式相結合的融資方式。

三、推動項目融資

項目融資是一種非公司負債型融資，信用結構靈活、多元化，可為城際高鐵項目提供大規模、長期限的貸款。城際高鐵項目採用項目融資時，可以充分利用民間資本及外部資本，並引進其先進的投資管理模式，可謂是解決城際高鐵建設資金問題的絕佳融資手段。不過項目融資的難點在於操作程序相對複雜，需要有專業的融資團隊負責推進。

四、促進融資租賃

融資租賃在美國等發達國家的應用非常普遍，它能讓資金需求方在資金短缺的情況下，租賃先進的設備設施，從而解決項目建設與運營難題。對於城際高鐵項目融資而言，融資單位可以租賃的設備設施主要有動車組、建設工程設備、運營移動裝備等。

五、與土地和物業聯合開發

修建城際高鐵將會有效推動沿線土地與物業的價值增值。目前，多個案例已經證明了將沿線物業綜合開發與城際鐵路建設相結合來解決後者資金問題的可行性。實踐中，地方政府可以給予房地產商在鐵路交通運營線路、在建線路、規劃線路等沿線開發房地產項目的優惠條件，來吸引房地產商投資。招商成功後，地方政府再將土地出讓收入投入城際高鐵項目中，便可解決其資金難題。

邁向交通強國新征程

與普通鐵路相比，高速鐵路需要更為複雜先進的科學技術，所以，加快城際高鐵建設必然需要中國增強技術創新能力。

長期以來，中國大部分領域的技術主要採用"引進—消化"的發展模式，誠然這種模式可以縮短技術研發周期，但因為核心技術難以引進，導致中國很多關鍵領域核心技術缺失，對產業發展造成了較大的負面影響。具體到發展高鐵技術方面，中國政府需要結合高鐵研發製造現狀，加快培育並完善高鐵技術市場，逐漸減少對進口核心部件與裝備的依賴，最終打造成熟完善的高鐵技術體系。

為了確保高鐵技術創新具有可持續性，中國政府還要研究制定高鐵技術創新政策與發展規劃，並加快科技成果轉化，利用高鐵產業創造的經濟效益反哺技術創新。

一、城際鐵路發展戰略的策略和準則

城際高鐵投資成本極高，相關項目建設完成後，如果不能發揮預期作用，會造成嚴重的資源浪費。因此，在宏觀視角上，城際高鐵應該與其他交通運輸方式協調發展，避免浪費國家資源；而在微觀視角上，城際高鐵應該與其他運輸方式形成良性競爭，從而藉助市場的調節能力，提高城際高鐵的服務質量，讓乘客以更低的成本獲得更為舒適的出行體驗。

具體而言，中國推進城際高鐵建設過程中應該遵循以下基本原則，如表 7-1 所示。

表 7-1　中國推進城際高鐵建設的基本原則

序號	基本原則
1	致力於打造滿足民眾需求的優質運輸產品與品牌
2	樹立提供優質綜合服務的營銷理念
3	積極引進現代管理模式
4	適應鐵路體制改革

二、中國推進城際鐵路發展的政策建議

基於上述分析，並結合筆者對國內外城際高鐵發展過程的觀察與思考，對中國城際高鐵提出了以下幾點建議，如表 7-2 所示。

表 7-2 中國推進城際鐵路發展的政策建議

序號	政策建議的具體內容
1	國家有關部門應該加快完善城際高鐵方面的投融資機制，推出更多有利於城際高鐵建設的利好政策，確保城際高鐵項目得到足夠的資金保障
2	地方政府應將城際高鐵建設融入城市發展規劃中，為城際高鐵項目落地以及城際高鐵與其他交通運輸方式的銜接奠定良好基礎
3	地方政府在推進高鐵建設時，應堅持統籌規劃、分步實施、協調發展的發展戰略，並積極開展管理體系創新
4	鐵路企業應建立現代企業制度，將自身打造為充滿活力與競爭力的新型運輸企業

第 8 章

城市軌道：引領智能交通革命

城市軌道交通類型

按照不同的標準，我們可以將城市軌道交通劃分為不同的類型，比如：從線路物理高度方面，我們可以將其分為地下鐵路交通、地面鐵路交通、高架鐵路交通等；從軌道類型方面，我們可以將其分為獨軌鐵路、輕軌鐵路、重軌鐵路；從運輸能力方面，我們可以將其分為小運量系統、中運量系統及大運量系統；從車輛運行導向方式方面，我們可以將其分為膠輪導軌系統、膠輪單軌系統、鋼輪雙軌系統；從線路開放性方面，我們可以將其分為線路開放型軌道、線路半開放型軌道、線路封閉型軌道等。

通常中國是根據軌道類型對城市軌道交通進行分類，主要分為地鐵、線性地鐵、輕軌鐵路、有軌電車、獨軌鐵道、自動導軌交通系統與磁懸浮交通系統等。在城市軌道交通中，應用較為廣泛的主要是地鐵、輕軌、有軌電車、獨軌鐵道等。

那麼，政府部門應該怎麼規劃城市軌道交通呢？如果沒有做好城市軌道交通規劃，很容易導致資源浪費、交通擁堵等問題。從實用性角度來看，為滿足市民出行需求，城市管理部門可以從運輸能力角度進行交通方式規劃，比如市民出行需求旺盛時，城市管理部門就可以考慮運輸能力強大的地鐵。地鐵是一種容量較大的軌道交通系統，其高峰小時單向最大客運量為 3 萬～7 萬人次，但其投資成本高，工程難度大、周期長。

　　如果對運力要求不是很高，城市管理部門可以修建輕軌或有軌電車。輕軌與有軌電車是一種中等容量的軌道交通系統，其高峰小時單向最大客運量為 1 萬～3 萬人次，車輛軸重較輕，降低了對軌道載荷的要求，而且建設成本較低，通常僅有地鐵的一半左右。

　　如果對運力要求較低，城市管理部門可以修建獨軌交通。獨軌交通是一種由架空的單根軌道構成的鐵路，其高峰小時單向最大客運量為 0.5 萬～2 萬人次，發車時間較短，避免了顧客長時間等車的煩惱，而且建造成本比輕軌和有軌電車還要低。

　　地鐵、輕軌、有軌電車、單軌鐵路等通常是用來滿足城市內部的交通出行的，其運輸線路相對較短，為了安全考慮，在通行條件複雜的城市環境中，它們的運行速度也相對較低。而市郊鐵路主要是為了滿足城市與近郊、遠郊及衛星城的交通出行，其運輸線路相對較長，通常為幾十千米到數百千米，站間距離為 10～20 千米，運行速度普遍較快，往往在 120 千米 / 小時以上。

　　為進一步提高乘客出行便利性，部分市郊鐵路可能與高鐵相連通，以京津城際鐵路（Beijing–Tianjin Intercity Railway）為例，該市郊鐵路連接了京滬高鐵，全線長 166 千米，設 7 個站點，運行時速高達 300 千米 / 小時。

地下鐵路交通

　　地下鐵路交通即地鐵，是一種重軌交通系統。中國的地鐵車型分為 A 型、B 型、C 型及 L 型。大部分地鐵是在地下運行，部分線路的部分路段是在地面或高架上運行。地鐵主要由電力驅動，線路為全封閉狀態，地鐵信號系統自動控制信號，具有舒適、安全、無污染、運力強、節約城市土地資源等優勢。不過地鐵也有一定的劣勢：除前文所提到的建設周期長、建設成本高外，發生地震、火災等災害時，運營單位很難在短時間內疏散地鐵內的旅客。

地鐵供電方式主要是接觸網供電與第三軌供電，採用直流 750～1500V 的高壓電。為保障乘客安全，地鐵管理人員嚴禁乘客進入地鐵軌道系統。早期地鐵信號控制系統採用地面信號系統，目前已經發展成為集成列車自動監控系統、自動防護系統、自動運行系統等多種系統的綜合性系統。

2019 年 5 月 16 日，由天津中車唐車軌道車輛有限公司研製的中國新一代智能 B 型地鐵首次出現在第三屆智能大會上。新一代智能 B 型地鐵將實現一種全新的無人駕駛功能，即在控制中心的統一控制下實現全自動運營：每天從早上列車的喚醒、準備、自檢、出庫到全天的運行，包括停車、開關車門，以及晚上回庫、清洗、休眠，全部可實現無人操作。在列車運行過程中，運行狀態、參數將實時反饋到控制中心，一旦發生任何異常及故障，智能化系統將第一時間通過分析找到有效解決方案。

從列車控制視角來看，地鐵控制系統與高鐵列控系統存在諸多相似之處。由於地鐵位於地下較深的位置（地下十幾米甚至幾十米），整個地鐵空間是一個封閉的管道系統，除了進出口外，該系統往往與大氣隔絕，而人的活動以及車輛運行會產生大量熱能，如果不能將這些熱能排出，會影響地鐵空間的空氣質量，從而顯著降低乘客乘坐安全性。

此外，當地鐵出現火災時，密閉的地鐵空間內將會快速充滿濃煙，從而威脅人的生命安全。因此，為了確保乘客乘坐地鐵的安全性與舒適性，必須為地鐵設置通風與環境控制系統，該系統主要由地鐵風亭、防排煙系統、阻塞通風、空調通風設備等部分構成。

與常規鐵路軌道一樣，地鐵軌道也採用 1435 毫米軌距，鋼軌為重型鋼軌，道床以混凝土整體道床（用混凝土把框架澆築在一起的道床形式）為主。在地鐵交通系統中，地鐵站無疑是一個關鍵組成部分，而地鐵站的設計主要考慮的是旅客需求與城市發展狀況。

本質上，由於地鐵是用來輸送旅客的交通工具，出於減少公共資源浪費等方面的考慮，地鐵管理人員不允許乘客無故在地鐵內長時間停留。再加上地鐵本身不是購物中心等休閒娛樂場所，花費極高的成本用來裝修地鐵是不合適的。

從運營性質角度看，地鐵站主要包括中間站、盡頭站、折返站與換乘站。從外觀角度看，旅客乘降站台可分為側式站台與島式站台，其中，島式站台應用尤為廣泛。為了方便乘客上下車，上下行列車停靠時，將停靠在站台的兩側。

地鐵車輛採用電動車編組，這種車輛裝備電機後便可以自動行駛。駕駛室被設計在地鐵列車的兩端，編組輛數為 4～8 節，車廂寬度為 3 米。從地鐵運行特性角度上，地鐵車輛需具備停車制動距離短、加減速度快等優勢。為降低火災發生概率，地鐵車輛在選材時普遍使用難燃或阻燃材料。

現代有軌電車

有軌電車是一種由電力驅動，行駛在軌道上的輕型軌道交通車輛。1879 年，德國工程師維爾納・馮・西門子（Ernst Werner von Siemens）在柏林的博覽會上首先嘗試使用電力帶動軌道車輛。1887 年，匈牙利的布達佩斯率先創立了首個有軌電車系統。到 20 世紀初時，有軌電車在歐洲、亞洲、美洲、大洋洲的部分城市成為當地的一種主流交通工具。不過由於私家車、公交車以及其他路面交通的不斷發展，1950 年，有軌電車在部分城市遭到淘汰。

然而，城市車輛的快速增長引發了環境污染、交通擁堵等一系列問題。為解決這些問題，有軌電車在很多城市再次興起。新技術、新材料、新工藝的應用，使傳統有軌電車升級為現代有軌電車，這也使得有軌電車的低成本、無污染、便捷舒適等優勢更為突出。

從車輛地板高低程度來看，有軌電車車輛可分為高地板有軌電車與低地板有軌電車兩種。由於低地板有軌電車的地板與路面距離很短，比較方便殘疾人、老年人及兒童上下車，所以，目前各城市內的有軌電車以低地板有軌電車為主。

從供電方式上看，有軌電車主要包括接觸軌與架空接觸網式有軌電車。其中，接觸軌有軌電車將軌道作為回流線進行供電；架空接觸網式有軌電車則利用接觸網與車輛上的受電弓接觸來為車輛供電。

從輪軌制式上看，有軌電車主要包括鋼輪鋼軌有軌電車與膠輪導軌有軌電車。膠輪導軌電車系統採用橡膠輪胎承重，由嵌入軌道的導向輪來控制車輛方向，車輛運行穩定性較差；與之相比，鋼輪鋼軌有軌電車運行較為穩定，即便一條軌道損壞，仍可以保證車輛正常運行。

現代有軌電車高峰小時單向最大客運量為每小時 1 萬～1.2 萬人次，運輸能力強於公交車，但弱於輕軌。有軌電車在爬坡方面表現良好，最高可爬上 60‰ 的陡坡。有軌電車運行靈活性較高，這很大程度上得益於其較小的轉彎半徑（最小轉彎半徑在 30 米以下）。

模塊化設計是有軌電車車輛的一大優勢：運營單位可根據實際運輸需求，增加或減少車輛（車輛之間採用鉸接的連接方式），而且車輛的檢修維護成本也非常低。現代有軌電車的設計不但考慮了功能性、安全性，還重視人性化，充分考慮了乘客乘坐舒適性以及環保性等。

現代有軌電車投資成本低，每千米造價僅有輕軌的 1/3；運營費用較低，縮短了投資回報周期；能耗低，僅為公交車能耗的 1/4。建設現代有軌電車線路主要包括以下三種路徑，如表 8-1 所示。

表 8-1　建設現代有軌電車線路的路徑及優勢

建設路徑	建設優勢
改造原有廢棄鐵路	對原有廢棄鐵路進行改造，實現閒置資源的再利用。這種建設方式投資成本較低，而且提高了軌道、土地等城市資源利用率
新建有軌電車線路	建設單位結合城市特性、市民出行需求等設計有軌電車線路建設方案，經過充分研究論證後實施建設。這種建設方式可以最大程度地滿足乘客出行需要，而且能與城市環境融為一體
與幹線鐵路共享軌道	這種建設方案增加了幹線鐵路的可達性，能夠有效解決城市交通最後 1 公里問題，同時，它拓展了有軌電車系統的服務能力，使市民出行更為方便快捷

城市輕軌交通

輕軌是在有軌電車的基礎上改造而成的城市軌道交通系統。輕軌採用電力牽引、輪軌導向，在專用行車道上行駛。1978 年 3 月，在比利時首都布魯塞爾召開的國際公共交通聯合會議上，輕軌被命名為 "Light Rail Transit"，翻譯為中文就是 "輕軌"，簡稱 LRT。

在日常生活中，很多人會將輕軌、地鐵及現代有軌電車的概念混淆，而且城市軌道交通專家對這些概念的認識也不統一，比如有些專家會將輕軌、有軌電車看作同一種交通方式。事實上，這三種交通方式是存在明顯差異的：地鐵通常是在地下運行，少數情況下在地面或高架上運行；輕軌通常是在高架上運行，少數情況下在地面上運行；有軌電車大部分位於地面，少數情況下穿行立交橋或跨越河流。而且這三種交通方式的運輸能力也有較大差異。

但在實際建設過程中，部分城市會將三者的建設標準混合使用，比如有些城市會採用地鐵的建設標準來建設輕軌。在三種交通方式同時存在的城市（如上海），可能會將這三種交通方式統稱為"軌道交通"。

輕軌具有投資成本低、運輸能力強、運營管理難度低等優勢，大型城市可用其完善城市軌道交通網絡，中小城市可將其作為城市軌道交通網絡主幹線。

輕軌軌距為 1435 毫米，其軌道通常是在橋樑上鋪設道砟。在供電方面，輕軌建設單位需要在高架橋一側架設接觸網，車輛運行時，其頂部的受電弓將與接觸網連通，從而讓車輛獲得電能。

輕軌車站通常採用高架站與側式站台的形式，車站結構主要有鋼筋混凝土框架結構、橋樑式結構、框架＋橋樑式結構三種。三種結構中，鋼筋混凝土框架結構佔地面積最大，客流量最大；橋樑式結構佔地面積最小，客流量最小。

1904 年，中國第一條輕軌撫順電鐵正式開通運營，後續又出現了長春輕軌、津濱輕軌、大連輕軌等多條輕軌線路。撫順電鐵不但是中國最早的一條輕軌，它對中國軌道交通發展也產生了非常積極的影響。在中國城市與礦山的電氣化鐵路建設過程中，撫順電鐵從技術、人才、運營等方面提供了強有力支持。

城市獨軌交通

與地鐵、現代有軌電車、城市輕軌交通相比，城市獨軌交通在結構形式、走行原理等方面有較大差異。比如上述三種城市軌道交通方式都是車輛在軌道的兩根軌道上行駛，而城市獨軌交通的車輛是在單根軌道上行駛。根據車輛在軌道位置上的差異，車輛在軌道上方時，被稱為跨座式獨軌交通；車輛懸掛在軌道下方時，被稱為懸掛式獨軌交通。

跨座式獨軌交通的軌道通常是在預應力鋼筋混凝土梁上鋪設鋼軌，軌道結構由軌道樑、支柱、道岔構成。其中，支柱有"T"形、倒"L"形、"門"形三種類型。

跨座式獨軌交通的車輛是電動車組，編組方式主要有四節車組、六節車組及八節車組。轉向架是跨座式獨軌交通的核心部件，它也是車輛的走行部分，以二軸轉向架為主，上下兩側安裝了兩個導向輪、兩個穩定輪。轉向架與車軸直連，每根車軸都配備了一台交流牽引電機。同時，每根軸上安裝了兩個走行輪，兩個走行輪一前一後沿著軌道滾動，四個導向輪與兩個穩定輪垂直軌道滾動。列車行駛時，走行輪始終與軌道樑頂面接觸。

上述車輪皆為充滿氮氣的橡膠輪，具有很強的緩衝能力。其中，走行輪主要緩衝的是車輛的縱向振動；導向輪與穩定輪主要緩衝的則是橫向振動。

懸掛式獨軌鐵路的軌道架設在支柱上方，車輪在車廂上方，其走行部分包含四個走行輪與四個導向輪，利用牽引電機提供動力。懸掛式獨軌鐵路的軌道樑藉助一定跨距的鋼支柱或鋼筋混凝土支架架設在空中，車輛懸掛在軌道樑下方運行。

與其他城市軌道交通方式相比，城市獨軌交通的技術複雜性較低，運行速度較快，佔用城市土地資源較少，而且與地面交通隔絕，不會陷入交通擁堵。

此外，城市獨軌交通對地理條件要求低，通常建設單位在地面建立直徑為 1.2～1.5 米的鋼筋水泥圓柱作為支柱，然後在支柱上建立軌道（與地面距離為 7～19 米），即可開闢一條獨軌交通線路。

建設城市軌道交通線路時，建設單位如果將軌道架設在城市現有道路中央分隔帶上，根本不需要拆除地面建築，也不需要實施管線遷改工程，從而可以大幅度縮短建設周期，並降低建設成本。

目前，城市獨軌交通主要用於滿足城市中心區與衛星城之間的出行需求，以及城區與碼頭、機場等郊區設施的幹線運輸需求。部分城市還將城市獨軌交通設計為城市觀光遊覽線路，為外地遊客提供俯瞰整個城市的良好體驗。不過獨軌交通也有一定劣勢，比如：因使用橡膠輪胎增加了能耗，其能耗比地鐵高 50%；因為軌道架設在高空，如果遇到事故，救援難度較大；等等。

自動導軌交通

AGT（Automated Guideway Transit，自動導軌交通）系統是利用計算機控制自動運行的城市軌道交通方式，它通過導輪軌引導方向，行駛在兩條平行的軌道上。20 世紀 60 年代，美國西屋電氣公司（Westinghouse Electric Corporation）研發了世界首個自動導軌交通系統。不久後，法國、日本等國家也開發出了自動導軌交通系統，並在多個城市投入使用。

不過，不同國家對自動導軌交通系統的稱謂有所不同，如：日本為了體現該系統應用了自動化技術而將其稱為新交通系統，而法國將其稱為 VAL（Vehicle Automatique Leger，輕型自動化車輛）系統。

無人駕駛是自動導軌交通系統的一大重要特徵。自動導軌交通系統的核心技術主要有導軌技術與自動控制技術。導軌導向有中央導向與兩側導向兩種類型。其中，中央導向是指導軌位於軌道中間位置，並通過接觸車輛底部安裝的水平輪進行方向控制；兩側導向是指導軌位於軌道兩側位置，並利用走行輪與兩側導軌接觸來控制車輛方向。

自動導軌交通系統以高架式的鋼筋混凝土長條形板帶為軌道，這種軌道非常適合採用橡膠輪的車輛。車輛通過直流 750V 的外部電源供電。目前，主流的自動導軌交通系統包括三類，即 SLT（Shuttle／Loop Transit，穿梭／環路式軌道交通）系統、GRT（Group Rapid Transit，集體軌道交通）系統、PRT（Personal Rapid Transit，個人軌道交通）系統。

SLT 系統複雜程度最低，可細分為穿梭式捷運系統與環式捷運系統，兩種系統在路線中途均可設置站點。穿梭式捷運系統車輛車廂容量大，可容納 100 人左右，因其像高樓中的自動電梯一樣沿著固定線路循環行駛，而被稱為"水平電梯"。環式捷運系統與穿梭式捷運系統的主要區別在於，它是沿著環狀路徑繞圈行駛。

GRT 系統使用的車廂是中型車廂，容量為 1～70 人，主要用於運輸出發點與目的地相同的群體乘客，班次設置較為密集（兩班間隔為 3 秒到 1 分鐘）。PRT 系統使用的車廂是小型車廂，容量為 2～6 人，由於它運行在複雜的路網中，需要利用先進的計算機對車輛進行自動化控制，並利用道岔進出幹線來運載乘客。

SLT 系統是三種自動導軌交通系統中應用最為廣泛的系統，尤其適合在登機廳與機場主樓之間，以及遊樂場、大型社區內部運輸乘客。

整體來看，由於自動導軌交通系統運量相對較低，自動化程度極高，運營非常靈活，運營單位可根據乘客數量安排車輛發車間隔。同時，該系統的車輛因使用橡膠車輪而具備較強的爬坡能力，而且能通過小半徑曲線，對地形條件要求較低。

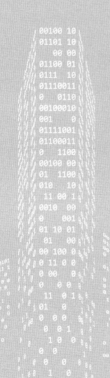

第五部分
新能源汽車充電樁

第 9 章

充電樁：新能源汽車時代來臨

新能源戰略與充電樁建設

自工業革命以來，人類以資源環境為代價謀求經濟發展，雖取得了顯著成就，卻也引發了一系列問題：全球變暖導致極地冰川融化，海水溫度升高改變洋流效應，旱災、蝗災、火災、暴雨、疫病……面對地球敲響的警鐘，世界各國都在尋求建立人與自然和諧發展的新模式。調整產業結構，提高能源利用率已成為公認的有效措施。

為此，中國提出新能源戰略，發展新能源汽車是這一戰略的重要方向。目前，新能源汽車以電動汽車為代表。為促使電動汽車實現產業化，中國必須加快充電設施的建設與完善。正如傳統能源汽車與加油站一樣，電動汽車與充電設備也是相輔相成、相互促進的關係。

當前，電動汽車有兩種能源供給模式，一是自充電模式，二是換電池模式。在國際範圍內，這兩種模式已得到不同程度的嘗試與應用，其中自充電模式的研究比較多，換電池模式略遜一籌，但也得到了一定的關注。具體來看，自充電模式又可以分為兩種類型，一是常規充電，二是快速充電，但無論哪種充電模式都要用到一個設施，就是充電樁。

如果將電動汽車比作人體，充電樁就是一個外置的心臟。從結構上看，充電樁主要由樁體、電氣模塊、計量模塊等部分組成，具備電能計量、計費、通信、控制等功能。

一、充電樁類別及功能

如果你駕駛一輛電動汽車到充電樁前，充電樁會先識別汽車的電壓等級，然後再進行充電。就像駕駛一輛傳統能源汽車去加油站，工作人員會詢問加什麼型號的汽油一樣。充電樁的工作原理非常簡單，蓄電池放電後，讓直流電按照與蓄電池放電電流相反的方向流入蓄電池，使其恢復工作能力，這個過程叫作蓄電池充電。充電過程中，電池正極連接電源正極，電池負極連接電源負極，充電的電源電壓必須高於電池的總電動勢。

按照充電方式，充電樁可以分為兩種類型，一類是直流充電樁，另一類是交流充電樁。直流充電樁就是所謂的"快充"，通過電力電子相關技術對交流電進行變壓、整流、逆變、濾波等處理，最終得到直流輸出，獲得足夠的功率直接對電動汽車的電池進行充電。直流充電輸出的電壓、電流可進行大範圍調整，切實滿足快充要求。交流充電樁就是所謂的"慢充"，通過標準的充電接口與交流電網建立連接，通過車載充電機為電動汽車的電池充電。

電動汽車使用的鋰電池必須使用直流電充電，直流充電樁可直接將電能從交流電轉變為直流電，實現快速充電。而使用交流充電樁充電，必須利用車載充電器完成從交流電到直流電的轉換過程。因為車載充電器的功率比較小，所以充電速度會很慢。假設使用直流充電樁1小時能夠完成充電，使用交流充電樁則需要6～7小時。

未來，隨著充電技術不斷發展，在普通直流電充電樁的基礎上還將衍生出無線充電技術、電池更換技術、充電堆技術等眾多新型充電技術，使電動汽車的充電速度與效率得以進一步提升。

二、主要充電連接器標準

新能源汽車的充電器有三種標準,分別是國標(GB/T)、CHAdeMO 接口、CCS 充電,如表 9-1 所示。

表 9-1　新能源汽車充電器的三種標準

充電器標準	應用情況
國標(GB/T)	中國的充電口國標(GB/T)智能在國內使用,規定交流額定電壓不超過 440V,頻率 50Hz,額定電流不超過 63A,直流額定電壓不超過 1000V,額定電流不超過 250A
CHAdeMO 接口	CHAdeMO 接口是經國際電工委員會(IEC)批准的電動車快充的國際規格,在全球應用範圍最廣,主要應用於日系車。這種直流快充插座可以提供 50kV 的充電容量,最高功率 62.5kW
CCS 充電	CCS 充電主要在美國、歐洲應用。CCS 充電方式與 Combo 方式相似,對交流電、直流電的普通充電與快充進行了整合,這樣一來,一輛車只需配備一個充電接口就能滿足所有規格的電源使用

三、充電樁 App

對於電動汽車的車主來說,充電樁 App 是必備軟件,不僅可以用來尋找充電樁,還能提高充電樁的使用效率,其功能具體如表 9-2 所示。

表 9-2　充電樁 App 的主要功能

序號	主要功能
1	通過地圖定位可視範圍內充電樁的位置,為車主提供導航服務
2	根據車主的出行計劃選擇快充還是慢充
3	顯示充電樁的狀態,為車主提前預約充電樁
4	顯示充電樁的運營商、收費說明,支持車主通過支付寶、微信付費
5	支持車主對使用過的充電樁或充電樁進行評價交流

序號	主要功能
6	支持私人充電樁接入，供其他車主使用，所有者可獲得一定的收益
7	支持用戶對各項信息進行查詢與管理，如用戶狀態、消費記錄等

四、充電樁管理平台

充電樁有兩種建設方式：一種是集中建設，數量較多，需要請專業人士維護、管理、運營；另一種是分散式建設，就是在固定地點建設一個或幾個供私人使用的充電樁，採用這種方式建設的充電樁比較分散，巡檢、維護成本都比較高。

隨著電動汽車市場越來越火爆，充電樁數量持續增長。為做好充電樁管理，需要通過 CAN（Controller Area Network，控制器域網）總線與後台管理系統進行組網通信。後台管理系統的功能非常強大，可以對充電樁的運行狀態進行實時監控，開展計費管理、故障報告、運維管理、App 運營管理、數據收集、權限管理，對各個網點進行分層管理，將各網點充電樁的分佈情況、運行情況直觀地顯示出來，對收入概況、預約概況、通電率、預約率、空餘充電樁數量、故障率、故障設備數量、充電樁總數、後台總收入及會員數量等後台數據進行查詢，幫助管理人員做好充電樁運營與維護，在降低管理成本的同時實現網絡化管理、智能化管理。

全球充電樁產業佈局

新能源汽車市場的飛速發展帶動充電樁需求持續攀升，據國際能源機構（International Energy Agency, IEA）預測，到 2030 年，全球電動汽車保有量將增至 1.25 億台。作為電動汽車的外置心臟，充電樁的數量也將隨之增長。目前，因為新能源汽車市場主要集中在美國、法國、德國、挪威、中國和日本，所以我們以美國、日本、德國、中國為代表，從充電樁分佈、運營模式、市場情況三個角度對全球充電樁的發展現狀進行討論。

一、美國充電樁

美國電動車銷量居全球首位，所佔市場份額達到了 45%。近幾年，美國政府一直致力於與科研機構、汽車廠商合作，圍繞電動汽車、充電樁開展相關研究，並投資了一系列電動汽車充電樁建設項目。經過各界努力，美國電動汽車產業已基本進入商業化運營階段。

作為一名電動汽車的車主，當你發現汽車電量不足時，只要打開手機 App 就能發現附近空閒的充電樁。如果你是在加利福尼亞州、伊利諾伊州及紐約州，這個過程會變得更加容易，因為相較於其他州來說，這三個州的充電樁數量要多很多。這些充電樁大多建設在室外，就像傳統的加油站一樣露天開放，但也有一些充電樁分佈在室內停車場，可一站式完成停車、充電。

在美國，無論企業還是個人，只要安裝電動汽車充電樁就能依法享受稅收減免福利，在這一政策的鼓勵下，美國私人充電樁數量佔比極高。因為歸屬複雜，所以充電樁的運營模式也非常多元化，具體包括商業化、私有化、市場操作、品牌充電網絡運營等。據預測，到 2020 年底，美國電動汽車充電樁的營收將達到 3 億美元，未來的市場空間更大。

二、日本充電樁

日本電動汽車充電樁建設由兩大主體拉動，一是政府支持，二是車企投資。在政府與企業的共同努力下，日本電動汽車充電樁的數量與傳統汽車加油站的數量不相上下。在企業方面，日本充電樁建設有兩大參與主體：

- 一是由眾多經過 CHAdeMO 認證的充電設備生產商組成的 CHAdeMO[1]體系；
- 二是日本充電服務公司（NCS）[2]，該公司由豐田、日產、本田、三菱四家本土汽車生產企業與日本政策投資銀行共同出資成立，承擔充電樁安裝成本，負責在最近幾年對充電樁進行免費保修。

在政府方面，日本政府的首要任務是提升人們對充電樁的信心，進一步擴大充電樁的覆蓋範圍，為電動汽車車主創建一個更加方便快捷的充電網絡。目前，NCS 主導建設的充電樁已遍佈東京市區及主要公路。因為日本的私人住宅很難建設充電樁，所以公共充電樁的利用率極高。另外，為了吸引客流，全家、羅森等便利店也在努力加快充電樁建設。

在日本，電動汽車車主可隨時通過 App 查找附近的充電樁，瀏覽充電站運營商、電壓、收費標準、允許充電時間等信息，還能查看充電接口的圖片，以準確地找到適合自己車輛的充電樁。至於充電付費，車主在購買電動汽車時一般會收到一張附贈的充電卡，這張卡由汽車製造商和 NCS 聯合發行，如果沒有，可自行到 NCS 的官網申請。

車主收到充電卡後要綁定自己的銀行卡或信用卡，根據充電卡的類型（普通充電卡、快速充電卡、普通和快速兼用充電卡）繳納月會費，充電卡的類型不同，收費標準也不同。另外，為了鼓勵居民購買電動汽車，日本一些商場的停車樓設立的充電樁可免費充電。

1　CHAdeMO 是日本電動汽車快速充電器協會作為標準倡導的快速充電器商標名稱。
2　日本充電服務公司成立於 2014 年，由日本三菱汽車、豐田汽車、日產汽車、本田汽車、日本政策投資銀行共同出資設立，旨在共同推進普及電動汽車充電設施。

三、德國充電樁

據德國汽車工業協會不完全統計，目前，德國大約有 1.3 萬個充電樁，其中有 600 個支持快速充電。除公共場所的充電樁外，每隔半年，德國汽車工業協會會對私人充電樁進行調查統計。

德國的充電樁市場基本被八大充電運營商壟斷，所佔市場份額達到了 76%，其中 Innogy、EnBW、EWALD 三家公司所佔市場份額最高，超過了 50%。為鼓勵電動汽車發展，德國政府每隔半年會根據市場發展情況對補貼政策進行調整，政策補貼主要集中在大功率充電設施建設領域。

在德國，電動汽車車主在出行之前必須下載一款名為 Chargemap 的 App，通過這款 App 查找附近的充電樁，制定出行路線，預約充電，充電完成使用綁定了銀行卡或信用卡的充電卡或充電鑰匙付費。

四、中國充電樁

目前，在全球範圍內，中國對充電基礎設施建設的政策支持最全面，力度最大，涵蓋了充電基礎設施建設、電力接入、充電設施運營等多個領域。在此形勢下，中國的充電樁產業發展速度極快，產業基礎逐漸夯實。再加上社會資本的介入，中國的充電樁產業生機勃勃，形成了國有、民營、混合所有制並存的產業格局。

截至 2019 年 10 月，在全國範圍內，運營的充電樁數量超過 1000 個的運營商有 22 家，相較於 2018 年底增加了 7 家，增速極快。在充電樁方面，截至 2019 年 7 月，全國已有大約 2.3 萬台充電樁。中國充電樁市場的參與者雖然多，但集中度卻高。2019 年 10 月，排名前五位的充電運營商所佔市場份額達到了 80.7%，排名前十位的充電運營商所佔市場份額達到了 93%，市場集中度始終居高不下。

中國充電樁產業鏈有兩條，一條是設備生產商，另一條是充電運營商。充電樁設備因使用統一標準，技術門檻比較低，企業之間的競爭焦點主要集中在設備穩定性、成本控制、品牌口碑等方面。在建設運營方面，中國充電樁產業的盈利渠道比較多，包括服務費、電力差價、增值服務及國家補貼，運營模式也呈現出多元化的特點，具體包括以下三種，如表 9–3 所示。

表 9-3　中國充電樁產業的建設運營模式

運營模式	具體內容
政府主導	由政府投資運營，推進力度強
企業主導	由企業投資運營，與電動汽車銷售、生產搭配進行
混合模式	政府提供政策或資金扶持，企業負責建設，二者相互作用，共同推進產業發展

目前，在政府政策的支持下，在相關組織、企業積極整合行業標準的帶動下，城市與骨幹高速公路結合的城際快充網絡建設正在加速。中國的電動汽車車主可進入 App Store 及 Android 市場下載一款充電 App，通過 App 尋找附近的充電樁，查看充電樁狀態，享受導航服務等。充電結束，車主可任意選擇使用支付寶、微信掃碼付費、銀行卡或 Apple Pay 付費，支付方式更加多元。

充電樁產業鏈全景圖

充電樁是電動汽車的能量補給站，相當於加油站中的加油機，可以固定在公共停車場、小區停車場、充電站等場所的某一位置，或地面，或牆壁。輸入端直接接入交流電網，輸出端藉助充電插頭輸出電流，根據電壓等級為不同型號的電動汽車充電。

對充電樁產業的上下游進行追溯可發現，該產業涉及的主體非常多，包括充電樁設備生產商、充電樁運營商、新能源汽車廠商等。

- 充電樁設備廠商：主要功能是生產直流充電樁、交流充電樁、交流—直流充電樁，涉及充電模塊、電機、芯片、接觸器、斷路器、外殼、插頭插座等諸多模塊。
- 充電樁運營商：主要功能是運營大型充電站或提供充電樁服務。在目前的充電市場上，充電樁運營商多為第三方企業，當然也有部分車企、能源企業涉及該服務。
- 整車廠商：整車廠商指的是電動轎車、電動 SUV、電動客車、電動貨車等電動車型的生產廠商。充電樁主要為電動汽車服務，隨著電動汽車市場不斷擴大，充電樁市場將爆發出大量需求。

一、上游

以充電樁市場為起點向上追溯可看到充電樁設備廠商及各類充電樁產品，例如直流充電樁、交流充電樁、交流—直流充電樁等各種類型的充電樁以及各種零部件，包括充電模塊、電機、芯片、接觸器、斷路器、外殼、插頭插座、線纜材料等。因為充電樁的使用環境比較複雜，要承受強光照射、嚴寒、霜凍、風雨、明火，與汽油接觸等，所以安全標準非常嚴格。

二、中游

在充電樁產業鏈的中游可看到一些運營商，他們是大型充電站的運營者，是充電樁服務的提供者。為了給電動汽車提供便捷的充電服務，一些運營商承建了大型充電站，並在小區、商廈、購物中心、學校、政府等車流比較密集的場所設立充電樁，滿足各類電動汽車的充電需求。

三、下游

順著充電樁產業鏈向下走就能看到電動汽車生產商以及各種類型的電動汽車，如電動轎車、電動貨車、電動客車等。隨著新能源汽車不斷推廣應用，電動汽車市場規模不斷擴大，為充電樁市場帶來了大量需求。

"互聯網＋充電服務"

隨著電動汽車的市場規模不斷擴大，作為電動汽車產業鏈上的基礎保障，充電樁市場迎來了重大發展機遇，如何做好充電樁運營成為亟須探討的一個話題。

一、基於用車場景的充電解決方案

目前，市場上大部分充電樁運營商都是立足於用車場景及充電痛點為電動汽車車主提供充電解決方案。據此，充電業務可劃分為三類，一是家庭充電，二是目的地充電，三是應急充電。這三類充電業務分別對應三大場景，分別是家庭、出行和突發狀況。

家庭充電就是在自家的停車位，使用充電樁或充電槍為汽車充電。在實際應用層面，家庭充電的充電樁的安裝門檻較低，只要獲得物業許可，通過電力報裝就可安裝使用。

目的地充電指的是使用公共充電樁為電動汽車充電，這是國家極力倡導的一種充電方式。為鼓勵公共充電樁建設，國家會對公共充電樁所屬運營商給予建設與運營補貼。在這種充電場景中，因為用車場景非常豐富，所以生出了各種各樣的解決方案。例如，有的車企提議建設超級充電站，有的車企提議採用換電的方式進行充電，但大部分企業還是支持第三方公共充電網絡建設，通過企業合作實現資源互補，獲取最大化的利益。

應急充電面向的是電動汽車在行駛過程中突然出現"沒電拋錨"的狀況。目前，新能源汽車公司解決這類問題常用的措施包括道路救援、拖車服務、移動充電車 V2V 充電等。也就是說，如果某電動汽車在行駛過程中因電量耗盡而拋錨，面對這一情況，車主可採取三種做法：打電話請求道路救援；打電話請求拖車；攔截經過的電動汽車，請車主為自己的汽車反向充電。

二、"充電服務＋"場景化運營

家庭充電、應急充電這兩種場景相對簡單，目的地充電值得深入挖掘與探討。其原因在於，隨著電動汽車的數量越來越多，目的地的範圍越來越廣，只要某場所有電動汽車出入，就具備建設充電樁或充電站的條件。於是，越來越多的酒店、商場開始嘗試建設充電站，享受行業紅利。

在當前的社會環境下，商業區扮演的角色非常豐富，例如，旅遊出行的目的地，交通工具的聚集地，集餐飲、休閒、娛樂、購物為一體的綜合性服務組織，等等。商業區興建充電樁，不僅可以為顧客提供高質量的綜合性服務，還能拓展營收渠道，吸引更多客流，延長顧客停留時間，這一點蘊藏著巨大的市場增值空間。

三、網約車的"充電服務＋"

2019 年下半年，陸續有城市對網約車註冊車型做出了規定。2019 年 9 月 16 日，深圳規定"新註冊的網約車必須是純電動汽車"；10 月 1 日，鄭州規定"不再接受以燃油、燃氣為動力的網約車註冊"。之後，廣州、昆明、大連等城市也發佈了類似新規。由此可見，未來，網約車純電動化已是大勢所趨。

但因為網約車比較特殊，行駛時間長、目的地不定，所以很多從業者都比較擔心電動汽車的續航問題。目前，市面上 15 萬級的電動車型續航里程為 350～450 千米，減去空調、高負載以及電池損耗，滿電狀態下的續航里程大約為 300 千米。對於網約車車主來說，無論"單班"還是"雙班"，電動汽車目前的續航能力都無法滿足其需求。在這種情況下，要想真正實現網約車純電動化，城市各個核心區路段必須大力建設充電設施。

在換電與快充這兩種充電方式之間，因為換電的成本較高，且受品牌限制，所以快充成為目前電動汽車最主流的充電方式。近兩年，為滿足電動汽車的充電需求，中國政府、企業都在努力推動充電基礎設施建設，但因為時間尚短，電動汽車與充電樁的比例仍存在失衡現象，電動汽車"充電難"的問題尚未完全解決。

隨著充電產業不斷成熟，資本恢復理智，盲目建樁將逐漸被市場淘汰。充電站、充電樁要想實現可持續發展，必須合理投建、高效運營。合理投建的關鍵在於科學選址，滿足充電汽車強烈的充電需求，以實現持續盈利；高效運營意味著要做好團隊建設，組建專業的運營團隊，為車主提供優質的服務，使充電樁的使用效率得以最大化。充電站、充電樁建設只有做好這兩點，才能真正響應國家政策，滿足充電需求，實現良性循環。

第 10 章

盈利模式：千億級市場的爆發

充電樁運營之困

作為國家戰略性新興產業，新能源汽車是中國汽車企業超越歐美等發達國家的重要突破口。近幾年，在國家政策的扶持下，中國新能源汽車產業發展速度越來越快，已進入爆發式增長階段。據中國汽車工業協會公佈的數據，截至 2019 年底，中國新能源汽車保有量達到了 381 萬輛，同比增長 46.05%。其中，純電動汽車保有量為 310 萬輛，在新能源汽車中佔比 81.19%。

新能源汽車數量增長雖快 —— 連續兩年的年增長量超過 100 萬台 —— 但充電基礎設施建設比較滯後，給新能源汽車的推廣與發展造成了極大的制約。從理論上來講，新能源汽車與充電樁的配比應達到 1：1～1：2，但中國新能源汽車與充電樁的實際配比為 8：1。鑒於此，許多購車者在選購汽車時都會在新能源汽車與傳統動力汽車之間猶豫，即便購買新能源汽車可享受政策優惠。

由此可見，現階段，加快充電基礎設施建設已迫在眉睫，但對於充電樁建設者、運營商來說，有一個不得不正視的問題：如何在短時間內擺脫"燒錢"困局。這一問題不解決，他們就很難在這場曠日持久的"消耗戰"

中堅持到盈利的拐點。具體而言，新能源汽車充電椿的運營困境體現在以下幾個方面，如圖 10-1 所示。

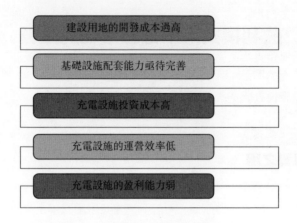

建設用地的開發成本過高

基礎設施配套能力亟待完善

充電設施投資成本高

充電設施的運營效率低

充電設施的盈利能力弱

圖 10-1　新能源汽車充電椿的運營困境

一、建設用地的開發成本過高

公用充電站建設要集中在城市商業區、停車場、公路服務區等車流量大的公共區域。但目前，由於中國一二三線城市的中心城區建設已基本完成，可用於建設公用充電站的土地寥寥無幾，大多數公用充電站建設項目都要涉及土地拆遷、產權歸屬等問題，建設成本極高。

二、基礎設施配套能力亟待完善

充電場站建設不是一家之事，需要多部門配合，例如供電、交通、城建、國土等。尤其是北京、上海、廣州等一線城市，中心城區可利用的資源本就緊張，再加上對電力保障的要求較高，如果建設充電場站需要對電線、變壓器、電表等電力設施增容，極有可能對充電場站所在區的電力負荷造成一定的影響。

另外，一些經濟發展水平不高的偏遠區縣，基礎設施建設本就滯後，無法滿足充電網絡建設需求。充電樁建設單位要想在這些地區建設充電場站，必須同時做好其他附屬基礎設施建設，從整體上提高了充電場站的建設門檻，給建設企業帶來了巨大的經濟負擔。

三、充電設施投資成本高

在中國，根據現行標準，每座充電站需要建設 4 根直流快充樁，單根樁的加權平均功率為 86.379kW，一台城際充電樁需要投入 8.6 萬～17.2 萬元，一座城際充電站需要投資 137.6 萬～275.2 萬元。據此估算，即便開展規模化建設，一個快速充電樁也需要投資 10 萬元左右。目前，公用充電設施建設主要依賴政府補貼。例如，北京市為公用充電樁給予總投資額 30% 的補助，廊坊市為公用充電樁給予總投資額 20% 的補助。在運營方面，目前，公用充電樁運營效率低，投資回報率低，嚴重影響資金回籠速度，對企業發展造成了嚴重制約。

四、充電設施的運營效率低

充電汽車需要一個完善的充電網絡，包括每輛車必須配備的充電樁、社區快充站、商業區快充站、交通幹道的充電網點等。目前，中國電動汽車的數量遠遠高於充電樁的數量，而且區域分佈嚴重失衡：有些區域的充電樁非常緊張，導致車主充電不方便；有些區域的充電樁閒置，造成了嚴重的資源浪費。

五、充電設施的盈利能力弱

目前，充電服務市場的參與者可分為兩個梯隊：第一梯隊以充電設備生產商、電力服務企業、互聯網企業與汽車廠商為代表，參與度較高；第二梯隊以電力企業、商業地產、社會資本、整車企業、汽車租賃企業、停車場所、互聯網運營商、金融機構、電子商務企業、廣告企業等機構為代表。公用充電服務企業與這些機構的合作處在起步階段，合作模式不完善，仍需進一步探索。

三大主流商業模式

建設運營成本高、資金回籠周期長、盈利模式單一等問題給充電樁行業的發展造成了嚴重制約。智研諮詢發佈的《2019—2025 年中國電動汽車充電樁行業市場專項調研及投資前景分析報告》顯示，中國充電樁市場規模將在 2020 年達到 177 億元，在 2025 年達到 1290 億元，2020—2025 年累計市場規模 CAGR（Compound Annual Growth Rate，年均複合增長率）達到 48.8%，2020—2025 年新增市場規模 CAGR 達到 50.3%。面對發展速度如此之快的充電樁市場，充電樁行業傳統的運營模式不再適用。只有不斷變革創新，才能推動整個充電樁產業，乃至整個電動汽車行業快速發展。

隨著資本持續湧入，目前，中國已有 300 多家企業投入充電樁建設與運營：一部分企業採用重資產運營模式，如負責充電樁建設與銷售等；另一部分企業採用輕資產運營，如開發相關 App，為車主提供尋找附近充電樁及預約支付等功能，或為充電樁建設企業搭建充電樁運營管理平台等。目前，充電樁運營採用的商業模式大致可以分為三類，具體如圖 10-2 所示。

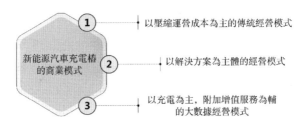

圖 10-2　新能源汽車充電樁的商業模式

一、以壓縮運營成本為主的傳統經營模式

　　該模式主要應用於充電基礎設施初期運營階段，主要通過收取充電服務費獲利，盈利方式比較單一。許多企業進入充電行業初期使用的都是這種模式。這種經營模式的優點在於穩定性較高，可提升企業的運營管理能力。但為了在最大程度上降低購電成本與運營成本，對企業人員的議價能力與運營能力提出了較高的要求：既要降低運營成本，又不能影響車主的充電體驗。

二、以解決方案為主體的經營模式

　　採用這種經營模式的企業主要面向 B 端客戶，為相關企業提供充電解決方案和綜合服務。以充電網科技有限公司為例，該公司主要面向充電運營商、充電設施生產廠商、汽車廠商和商業地產商等企業出售設備盈利。這種模式的優點在於以充電樁市場為切入口，涵蓋的範圍廣，可發揮的空間大，但因為投資額較大，需要面臨較高的風險。

三、以充電為主，附加增值服務為輔的大數據經營模式

　　充電設備在運營過程中會收集大量數據，該模式就是以這些數據為基

礎，延伸出更多增值服務，通過充電與增值服務共同盈利。以特來電為例，特來電從電網建設著手，計劃推出一系列服務，如電動車線上銷售、汽車維修數據服務、金融支付服務、互聯網電商和工業大數據等。該模式拓展了盈利渠道，為企業帶來多元化的收入，但增值服務的專業化程度直接影響著用戶體驗。所以，對於採用這種運營模式的企業來說，如何為客戶提供符合市場標準的專業化的增值服務是關鍵。

現階段，雖然各企業已形成一套完整的盈利流程，但仍在不斷探索新的運營模式，希望能夠快速盈利。在目前的充電服務市場上，可盈利的商業模式已經出現。

北京華貿商圈有一座富電科技建設的光伏充電站，假設每個直流充電樁每天利用 8 次，每次充電 20 度，充電服務費為 0.8 元 / 度，一個直流充電樁一年就能獲得 46720 元的充電服務費。每個直流充電樁的建設成本為 23 萬元，以此計算，5 年時間就能收回成本。如果算上成本折舊費，這個光伏充電站已經開始盈利。

除富電科技外，普天新能源、華商三優新能源科技公司都已經開始盈利。

過去，很多企業認為，充電樁運營企業短時間內無法盈利，真正實現盈利應該在兩年後。但事實上，隨著資本不斷湧入，充電樁行業的價值逐漸顯現。據業內人士分析，假設 2020 年中國的新能源汽車達到 500 萬輛，充電行業的利潤將達到 558 億元，其中增值利潤空間可達 233 億元。在萬物互聯時代，充電樁的商業價值當然不只體現在充電業務上，還包括以充電樁為入口的廣告、保險、金融、售車、4S 增值服務及汽車工業大數據等。

潛在的盈利模式

作為車聯網、智能電網的入口，充電樁行業蘊藏著巨大的價值。基於數據收集與分析、信息傳播與分享等功能，充電樁被賦予 "數據採集者" "數據分析師" 等多重身份。毋庸置疑，充電樁行業擁有廣闊的發展前景，企業要想順勢發展，必須創新商業模式。例如 "眾籌建樁"，藉助政府的優惠政策，徵集社會上閒散的車位與電容資源建設充電樁，所得利潤按照一定比例與場地提供者分成，從而降低投資成本，提高運營效率。

另外，充電樁運營企業還可以通過數據挖掘與分析提高充電樁的利用效率，利用互聯網、物聯網、智能交通、大數據等技術搭建信息化運營平台，促使電動汽車與智能電網之間開展信息交互，形成支持查詢、預約、支付及遠程操控等多種功能的 "互聯網 + 充電" 運營模式。

隨著車聯網與智能電網領域不斷湧現新技術，充電樁行業還有哪些潛在的盈利模式呢？具體如圖 10-3 所示。

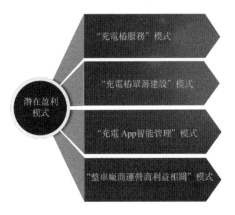

潛在盈利模式

"充電樁服務" 模式

"充電樁眾籌建設" 模式

"充電 App 智能管理" 模式

"整車廠商運營商利益相關" 模式

圖 10-3　充電樁行業潛在的盈利模式

一、"充電樁服務"模式

未來，在大中型城市，圍繞電動汽車充電樁建立與之配套的商品零售與休閒服務商業圈將成為電動汽車產業發展的新模式。目前，德國、丹麥等國家已經開始利用電動汽車充電樁拓展零售、美容、健身等業務，一方面獲取增值服務帶來的收益，另一方面藉此提高車主對充電服務的黏性。在中國，已有很多企業開始探索這一模式，例如星星充電與酒店、商舖合作建設充電樁，電莊公司在麥當勞等餐飲場所建設充電樁等，讓充電服務與餐飲、娛樂、零售等配套服務實現緊密結合。

二、"充電樁眾籌建設"模式

對於企業來說，開源、節流是兩種不同的增收方式。如果無法做到開源，即無法找到更好的盈利模式，通過節流降低運營成本也是一種不錯的選擇。

眾籌建設充電樁就是通過整合政府、企業、社會等多方力量共同參與充電樁建設，提高社會資源的利用率，滿足用戶需求。最常用的方法就是尋找合夥人，例如企業提供資金，合夥人提供場地。這種方式對場地要求較高，要求車主的停留時間能夠超過 2 個小時，自有停車位數量超過 5 個，有富餘的電容，不用單獨擴容，能夠滿足這些條件的多為醫院、商場、學校、超市、酒店等。或者合夥人提供建設支持，或者直接提供充電樁。建成後，充電服務企業與合夥人共享收益。這種經營模式不僅可以降低風險，還能縮短資金回籠周期，幫企業盡快收回成本。

三、"充電 App 智能管理"模式

充電樁企業可以充電設施為基礎，利用 App 應用開發增值服務，形

成以充電網絡 App 為入口，集商業設施經營、電動汽車分時租賃、電子商務、新聞廣告等服務於一體的充電互聯網商業生態圈，推動商業地產與充電服務相融合，讓商場、超市等業態提供輔助充電服務。

例如，充電服務企業可制定多元化的充電定價方案，支持充電站經營者面向不同類型的駕駛群體制定不同的充電服務價格，或支持經營者根據充電時間、充電電量、充電流程進行自主定價。充電服務企業還可以搭建智能後端"雲服務"平台，開發能源計量與管理系統，為充電站經營者提供多種充電容量與速率選擇，以降低充電站的運營成本，並為經營者管理運營充電站提供有效支持。此外，充電服務企業還可以為經營者提供大數據分析服務，為經營者改進服務提供科學依據。

四、"整車廠商運營商利益相關"模式

這種模式將整車廠商、設備製造商、充電站經營業主、金融機構、用戶等利益相關方連接在一起，共同開發能夠滿足各方利益訴求的產品與服務，將其滲入產業鏈的各個環節，最大限度地整合資源，帶動充電樁市場發展。

在國內，已有很多充電樁運營企業與整車廠商展開合作，特來電、星星充電、電樁公司等是其中的典型代表。這些企業通過與整車廠商、金融公司合作，搭建電動汽車電商平台或銷售網點，為車主提供多元化的服務，例如融資租賃、汽車金融、試駕體驗等。在這種模式下，充電樁運營企業與整車廠商可實現互利共贏，不僅充電樁運營企業可以進一步做好充電樁建設，帶給車主更優質的充電體驗，提高車主的滿意度，整車廠商還可以促進車輛銷售，進一步拓展電動汽車的市場空間，推動整個行業不斷向前發展。

戰略佈局與行動路徑

近兩年，充電樁市場發展速度極快，為搶佔更多市場份額，很多充電樁企業投入大量資源與精力打"價格戰"，忽略了很多重要事項，如質量管控、服務優化、客戶體驗、技術創新等，這些是決定企業能否持續發展的關鍵。現階段，擺在充電樁企業面前的問題有很多，例如：老舊小區電力增容問題，立體停車庫充電樁安裝問題，地下停車庫因網絡不穩定導致充電頻頻中斷問題，運營平台或充電 App 互聯互通問題，大數據潛在價值挖掘問題，等等。

作為一個新興產業，充電樁產業發展時間尚短，卻已經因為經營成本高、盈利困難、行業競爭激烈等問題經歷幾次洗牌，一些涉足充電樁產業的企業相繼倒閉，又有一些企業爭先恐後地進入。近幾年，一些能源行業的巨頭、大型車企紛紛將目光投向了充電樁行業，其業務範圍涵蓋了充電樁生產與安裝、充電設施設計與運營、充電站設計服務等整個產業鏈，形成了一條龍服務模式。充電樁行業的運營模式不斷完善，但也在一定程度上呈現出行業壟斷局面。

充電樁企業要想盈利，實現可持續發展，必須了解私人消費者、運營商、物業的用樁和建樁需求，明確產品定位，選擇合適的技術路線，持續開展技術創新。

一、車企合作

目前，中國有一部分充電樁來自汽車廠商，當然這部分充電樁數量相對較少。汽車廠商自建充電樁不是為了盈利，而是為了完善汽車銷售與售後服務體系，提升服務質量，帶給客戶更優質的體驗，吸引客戶下單購買。車企合作最常用的方式就是汽車廠商從充電樁企業採購充電樁，為購買新能源汽車的顧客免費配送，因此價格相對較低，充電樁企業的利潤空間比較小。車企合作的充電樁體積較小，對外觀要求較高，多為塑料外殼，無須具備太多人機交互功能。

二、國網／南網／運營商合作

國家電網、中國南方電網每年都會面向社會集中採購充電基礎設施，需求量極大，價格相對較高，要求也極高。從歷年的招標結果看，民營企業中標的機會非常小。

相較於國網、南網來說，與運營商合作比較容易實現。普天、雲杉、水木華城等運營商會根據市場需求及地方需求投放充電樁，充電樁類型多為 7 kW、40 kW、80 kW 雙槍同充交流充電樁和 120 kW、150 kW、180 kW、240 kW、300 kW 雙槍直流樁。因為是充電站運營，所以充電樁的利用率較高，資金回籠周期較短，是一種比較理想的運營方式。

三、租賃公司

全國最大的網約車平台滴滴出行（小橘充電）已開始在充電樁領域佈局，希望整合國內的充電樁市場，為滴滴平台上的車輛及社會車輛服務，滿足他們的充電需求。目前，小橘充電已經和特來電、星星充電等多家運營商建立了合作關係，未來他們將一起對國內現有的充電運營商平台進行整合，通過樁聯網增強用戶黏性，提高充電樁的利用率。但目前，充電樁市場面臨的問題不只出現在資本、商業模式方面，還表現在資源、管理、技術創新、品質服務等方面。

四、物業公司 / 地產商 / 運營公司

物業公司、地產商、運營公司、地方政府可以憑藉自身優勢對各項資源進行整合，加強政策引導、標準強化、責任歸屬，對充電樁上、中、下游產業鏈資源進行有效整合，引導技術創新，做好充電樁安裝、管理、運營等服務，促使智能電網、能源互聯網、物聯網、充電樁增值服務實現有機結合。

- 探索使光、儲、充實現有機結合的科學模式，解決當前或未來因電力不足無法充電的問題。以智能化的微電網系統為依託，將太陽能儲存起來，將其轉化為電能為電動車充電，利用峰谷電價差晚上儲電、白天利用，從而抑制峰谷差、減少網損。
- 老舊小區與立體停車庫的充電樁建設面臨著很多問題，如需要增容、佈線難、計費難等。為解決這些問題，在資源有限的情況下提高資源利用率，減少投入，必須聚焦智能配電與能源管理。
- 讓智慧停車與充電實現一體化，解決電動汽車充電難問題，提高土地資源綜合利用率，助力智慧城市發展。
- 做好現有充電樁的智能運營管理，讓各個平台實現互聯互通、數據共享，對充電樁進行遠程智能運維，提供充電檢測與充電服務，促使散樁與私人樁實現共享。

第 11 章

數據中心：數字經濟的命脈

數據中心的崛起與機遇

數據中心（Data Center, DC）是一種能夠在 Internet 網絡基礎設施上管理數據信息（如傳遞、展示、計算、存儲等）的特定設備網絡，包括計算機系統及配套設施（如通信系統、存儲系統）、數據通信連接、環境控制設備、監控設備、安全裝置等，互聯網數據中心如圖 11-1 所示。

圖 11-1　數據中心展示圖

數據中心是一種網絡基礎資源,可以實現高端的數據傳輸與高速接入服務,所以,它並非僅是一種簡單的網絡概念,還是一種服務概念。數據中心為用戶提供了綜合全面的解決方案,個體與組織可以藉助其強大的數據管理服務能力,快速高效地開展各類業務。

根據服務對象的差異,數據中心可以分為企業數據中心與互聯網數據中心。其中,企業數據中心是指企業或機構自建數據中心,主要服務於企業或機構自身的業務,企業、客戶與合作夥伴都可以獲取其提供的數據信息服務;互聯網數據中心是一種擁有完善的設備、專業化的管理,以及完善的應用的服務平台,它的出現標誌著人類對 IT 的應用邁向規範化與組織化階段。

互聯網數據中心由服務商建立並運營,客戶可藉助互聯網獲取其提供的數據信息服務,與企業數據中心相比,它的規模更大,設備、技術、管理等更為先進,服務對象更為廣泛。

當然,建設互聯網數據中心的成本與難度更高,服務商需要有大規模的場地與機房設施,高速可靠的內外部網絡環境,以及系統化的監控支持手段等。

一、數據中心產業鏈

數據中心產業鏈包括上游基礎設施及硬件設備商、中游運營服務及解決方案提供商以及下游終端數據流量用戶,具體如表 11-1 所示。

表 11-1　數據中心產業鏈及運營主體

產業鏈	運營主體	具體內容
上游	基礎設施和硬件設備	數據中心上游基礎設施主要是指土地建設與機房建設。土地建設主要採用樓宇租用方式，而在機房建設方面，數據中心機房建設的特殊性在於它對溫度調控有較高的要求。數據中心機房內存在大量 IT 設備，而這些設備工作時會產生大量熱能，如果不及時降溫，將會損毀設備，從而造成重大損失，因此，數據中心需要建立溫度調控系統。硬件設備主要包括 IT 設備與電力設備。IT 設備主要由服務器、網絡設備、安全設備、存儲設備及光模塊構成，其中，服務器成本最高，其核心組件包括 CPU、GPU 與 DRAM
中游	服務商和第三方	數據中心服務商主要有基礎電信運營商與雲計算服務商。其中，基礎電信服務商是指中國聯通、中國電信與中國移動，其資金雄厚、客戶規模龐大，在數據中心建設方面投入海量資源。雲計算服務商有阿里巴巴、騰訊、華為雲、金山雲等。第三方主要是一些技術服務商，可為客戶提供數據中心託管及增值服務，往往有穩定的客戶群體
下游	應用端	下游應用端玩家非常廣泛，如雲視頻直播服務商、在線教育服務商、遠程醫療服務商、AR/VR 服務商等，主要服務廣大用戶。毋庸置疑的是，下游應用端的快速發展，會產生更多的數據中心建設需求，進而推動上游供應鏈的發展

二、數據中心產業的投資機遇

中國蓬勃發展的互聯網產業，為數據中心服務市場不斷發展與完善提供了強大推力。隨著各行業紛紛開啟數字化轉型，再加上大數據、雲計算、移動互聯網等網絡架構的快速發展，以及大量湧現的網絡應用，將進一步釋放數據中心需求，進而使數據中心服務商、技術服務商等獲得巨大的增長空間。

目前，大數據的價值正在逐步釋放，無論是互聯網企業，還是傳統企業都希望掌握數據存儲、處理、價值挖掘等數據管理能力，這也有效促進了數據中心市場的發展。

- 在行業需求方面，產品快速部署、靈活拓展、高效節能、模塊化 UPS（Uninterruptible Power System，不間斷電源）等受到互聯網企業的廣泛青睞。而互聯網企業往往是以用戶為中心，為滿足用戶個性需求，需要定製化的數據中心服務。為此，互聯網企業可以與電信運營商、雲計算服務商等數據中心服務商建立深度合作關係，這不但能確保互聯網企業為用戶提供優質服務，還能藉助數據中心服務商的背書有效推動品牌建設。

- 在技術應用方面，雲計算的廣泛應用，使數據中心面臨的 IT 設備能耗問題與降溫問題越發突出。應用低功耗設計、智能化製冷、虛擬化技術、主動節電技術等技術成為數據中心的熱點方向。

數據中心的 "三駕馬車"

互聯網尤其是移動互聯網的發展，使流量與數據持續湧入數據中心。為最大化挖掘數據的潛在價值，有效降低業務運營成本，電信運營商、互聯網企業、雲服務供應商等大型企業在建設超大規模數據中心方面投入了海量資源。

新基建大潮下，5G、AI、大數據、雲計算等業務將快速發展，而這些業務需要網絡特別是數據中心網絡具備開放架構，並實現高效轉發與運維。因此，未來，相關企業持續深化無損、智慧、開源等技術在數據中心的應用，在滿足新業務發展需求的同時，進一步提升自身的盈利能力。

一、無損數據中心：提升網絡確定性和高效轉發能力

近年來，語音交互、圖像交互等技術在公有雲、智能設備等領域的應用越發廣泛，這些技術支持用戶通過互聯網來訪問雲數據中心、線上數據庫等，以便讓用戶實現全息通信、沉浸式體驗等。由於這類應用必須利用網絡來傳遞並處理海量多媒體信息，再加上較高的設備密度與需求的多樣化，為避免數據丟包問題，提高網絡吞吐量，縮短服務時延，數據中心網絡必須快速高效地將海量數據轉化為實時的信息與行為。這種背景下，打造可以實現無損轉發的數據中心網絡就成為關鍵所在。

金融、互聯網等行業已經應用了無損網絡技術來提高網絡性能，比如銀行引進無損網絡技術後，在數據中心運用智能擁塞調度手段來提高網絡通信效率，使客戶能像訪問本地盤一樣快速訪問雲端數據庫，測試數據顯示，最終存儲集群 IOPS[1] 性能提升了 20%，單卷性能達到 35 萬 IOPS。

未來，隨著遠程醫療、自動駕駛、AR/VR 遊戲、移動教育等走進人們的日常生活，無損網絡技術的應用將會越發廣泛，從而催生更為先進的無損數據中心。

二、智慧化能力：解決海量數據中心運維困境

在規模龐大的數據中心中，設備數量多，且類型多元，如何對這些設備進行高效管理，提高數據中心運營效率，降低運營成本，成為數據中心服務商面臨的一大難題。同時，轉控分離、三層解耦、統一編排等技術在數據中心的應用，進一步提高了數據中心業務的邏輯複雜性，使數據中心出現故障後的維修工作變得更為困難。這種情況下，傳統的人工運維模式

1　IOPS（Input / Output Operations per Second）是一個用於計算機存儲設備、固態硬盤或存儲區域網絡性能測試的量測方式，可以視為每秒的讀寫次數。

變得不再適用。

基於人工智能與網絡遙測技術的智能運維模式為解決上述問題提供有效手段，該模式可以提供自助遙測、機器學習、網絡引導、大數據分析等功能，並對潛在網絡安全問題進行有效監測與管理，使數據中心服務商能夠更為靈活、快速地適應外部業務需求變化。

三、開放架構設備：催生數據中心新的產業生態

採用開放架構的數據中心，為白盒交換機的發展帶來了諸多便利。和傳統交換機相比，白盒交換機採用開放性的體系架構，支持軟硬件解耦，需要開發一套集中的網絡操作系統。

近幾年，越來越多的企業進入白盒交換機研發領域，促使相關硬件、軟件逐步成熟，而白盒交換機在很多大型互聯網公司的數據中心已經實現大規模部署。公開數據顯示，亞馬遜、谷歌和 Facebook 三家超大規模雲服務提供商採購的白盒交換機佔據了市場總規模的 2/3 以上。隨著數據中心業務的蓬勃發展，對白盒交換機等開源設備的需求將集中爆發，從而催生一系列新興業態。

新一代數據中心的特徵

近年來，多核技術、冷卻技術、虛擬化應用、刀片系統、智能管理軟件等新技術大量湧現，再加上企業業務模式的不斷革新，給傳統數據中心運營管理帶來了巨大挑戰，亟須數據中心服務商打造新一代數據中心來應對這種改變。具體而言，新一代數據中心主要有以下七大特徵，如圖 11-2 所示。

圖 11-2　新一代數據中心的特徵

一、模塊化的標準基礎設施

為了提高 IT 基礎設施的適應性與可拓展性，新一代數據中心的服務器、網絡、存儲設備等系統必須對預設配置進行簡化與標準化。實踐證明，在數據中心內採用標準化的模塊化系統，可以有效降低數據中心的環境複雜性，並提高數據中心的成本控制能力。

二、虛擬化資源與環境

為了更加低成本、高效率地使用資源，新一代數據中心將充分藉助虛擬化技術對物理基礎資源進行整合，來構建一個共享虛擬資源池。在此基礎上，數據中心服務商可以提供網絡虛擬化、服務器虛擬化、存儲虛擬化、應用虛擬化等解決方案。

這給客戶帶來的優勢是顯而易見的，比如：數據中心服務商可以幫助客戶減少硬件投入成本，提高資源利用效率；為客戶打造動態化的 IT 基礎設施環境，以便使客戶實現業務需求的快速響應；等等。可以說，虛擬化是區別傳統數據中心與新一代數據中心的重要指標，也是新一代技術中心中應用最為廣泛的技術之一。

三、自動化管理

新一代數據中心 7×24 小時運營，採用無人值守、遠程管理模式，整個數據中心可實現自動化運營，如硬件設備自動檢測與維修，從服務器到存儲系統再到應用的端到端的基礎設施自動化統一管理；等等。實施自動化管理後，數據中心一方面可以對資源進行動態再分配，確保 IT 與業務相匹配；另一方面可以避免人為失誤導致的運營故障，並降低人力成本。

將自動化與虛擬化技術相結合應用到數據中心後，服務商只需要利用互聯網與瀏覽器便能開始可視化遠程管理，比如主動進行設備與系統的性能與瓶頸分析、管理系統漏洞與補丁、部署服務器與操作系統、測量並調整系統功率、對數據中心進行遠程調度與控制（如門禁管理、通風管理、溫濕度管理、電力管理等）。

四、快速的可擴展能力

新一代數據中心服務商可以藉助虛擬化技術將網絡、服務器、存儲設備等資源轉化為虛擬共享資源池，並利用數據中心的應用系統將資源開放給用戶。數據中心的集成虛擬化方案利用資源所有權分立方式，實現硬件擁有者與應用者的邏輯分立。系統管理員藉助軟件工具對虛擬資源進行高效創建與重新部署，從而得到 IT 服務的共享資源。

之後，系統將結合業務應用需求與服務級別，通過監控服務質量來對虛擬資源進行動態配置、訂購及供應，從而使數據中心具備快速拓展基礎設施資源的功能。該功能可根據業務需求變化進行實時調整，需要拓展基礎設施資源時，系統便從虛擬資源池調用資源，反之，系統則將資源返還給虛擬資源池。

五、節能及節省空間

能源、土地成本快速增長的背景下，提高 PUE[1] 是數據中心發展的一個重要方向。新一代數據中心必然是綠色、可持續的，它能實現對能源與空間資源的充分利用，並為數據中心服務商打造可持續發展的計算環境。

在新一代數據中心中，數據中心服務商將為其配備大量的節能服務器、節能刀片服務器與節能存儲設備，並利用新型電源組件、功率封頂、熱量智能、緊耦合散熱、動態智能散熱、液體冷卻機櫃等技術解決傳統數據中心過量製冷與空間擁擠等問題，最終實現散熱、供電及計算資源的無縫集成與管理。

六、高 IT 資源利用率

目前，傳統數據中心的 IT 資源利用率較低，比如服務器的平均利用率不足 20%。而在新一代數據中心內，通過充分利用虛擬化技術，數據中心服務商可以對數據中心內的 IT 資源進行充分整合，推動 IT 資源共享，從而大幅度提高 IT 資源利用效率。

七、高可靠性冗餘

新一代數據中心需要實時為需求方提供穩定、可靠的服務。數據中心存儲了企業大量的產品數據、運營數據、用戶數據等，因故障導致數據中心無法運行時，將對企業業務的正常開展造成一系列負面影響，甚至會讓

1　PUE（Power Usage Effectiveness）是評價數據中心能源效率的指標，是數據中心消耗的所有能源與 IT 負載消耗的能源的比值。

企業損失重要客戶或因訂單無法及時交付而造成重大經濟損失等。

因此，新一代數據中心將採用對系統各部分進行雙重或多重備份的冗餘設計甚至容錯設計模式，這在確保企業關鍵業務正常開展的同時，還能確保企業數據安全。為滿足高可用性需求，新一代數據中心要建立可靠性極高的容錯計算環境，並保障信息安全（如建立容災中心、對數據進行備份、建立網絡安全威脅防範機制等）。

八、面向服務的計算平台

傳統數據中心提供的主要是技術、應用與信息，而新一代數據中心將提供整體性的業務服務。這要求數據中心服務商在建立新一代數據中心時採用 SOA[1]。從基礎設施建設角度來看，SOA 提供了一種結構化的方法；從體系結構與治理角度來看，SOA 提供了一種服務方法。

基於 SOA 的新一代數據中心，可以讓數據中心服務商建立 SOI[2]，並以基礎設施、應用及流程封裝為服務，當數據中心服務商的各部門需要這些服務時，系統可以對服務進行重新部署與調用。顯然，這能大幅度提高數據中心的靈活性，以及數據中心服務商應對內外部變化的能力。

---

1 SOA（Service-Oriented Architecture，面向服務的架構）是一個組件模型，它將應用程序的不同功能單元進行拆分，並通過這些服務之間定義良好的接口和協議聯繫起來。

2 SOI（Service Oriented Infrastructure）即面向服務的基礎設施，能夠滿足實時企業（RTE）的需求。

數據中心建設的實現路徑

如何建設數據中心呢？一個相對完善的數據中心包含主機設備、數據存儲設備、數據庫系統、基礎設施平台、數據備份設備等多個模塊，而且這些模塊往往來自全國甚至全球各地的供應商。

一、數據中心建設的主要內容

數據中心是企業通信與 IT 信息系統的大腦，建設數據中心涉及基礎設施、技術與系統架構、組織與運營、應用及數據、業務與 IT 流程、企業與信息化戰略等多項內容，具體如表 11-2 所示。

表 11-2　數據中心建設的主要內容

建設要點	具體內容
數據中心機房建設	數據中心機房是數據中心的關鍵基礎設施，建設機房時，企業要重點考慮場地、製冷系統、供電系統、消防系統、防雷接地系統等，確保為數據中心打造安全、可靠、純淨的電力系統與環境
網絡環境建設	網絡環境建設既包括建設數據中心內部網絡，又包括建設數據中心外部網絡（將數據中心內部網與外部網鏈接），有了完善的網絡環境，數據中心才能為用戶提供各種業務服務
網絡安全體系建設	網絡安全體系建設主要涉及防火牆、入侵檢測、安全網閘、漏洞掃描、安全網關、簽名驗證、信息安全綜合監控與管理平台等內容
服務器系統建設	目前，主流的服務器設備有大型主機、小型機、工作站、普通服務器等，數據中心尤其是大型數據中心內往往存在大量服務器設備，比如騰訊田徑數據中心的服務器數量達到了 10 萬台以上
數據庫建設	有了數據庫後，企業可以用數據中心存取、維護並利用數據，從而實現信息資源的開發與應用

二、未來數據中心的發展方向

（1）業務敏捷。未來，數據中心將建立統一的數據融合資源池，支持各類業務系統按需獲取數據資源，同時，數據平台將根據業務實際需要，對數據節點進行自動部署，並高效發放業務。

（2）數據全生命周期處理。未來，數據中心將提供包括數據採集、存儲、計算、應用、維護等諸多環節在內的數據全生命周期處理服務，不同業務系統可獲取定製化的 Hadoop[1] 大數據組件、關係型數據庫 Oracle/SQL Server/MySQL、數據採集 ETL（Extract-Transform-Load，將數據從來源端經過抽取、轉換、加載至目的端）等。

（3）數據融合與智能分析。未來，數據中心將利用數據融合將來自不同系統、不同區域、不同類型及不同格式的數據進行統一存儲、計算及分析，從而提高業務響應及時性；從海量數據中挖掘符合企業需要的熱點信息流，並通過智能分析，為企業創造價值。

（4）現網應用。未來，數據平台將利用統一的 SQL（Structured Query Language，結構化查詢語言）搜索，以及分佈式大數據網關，顯著提高業務系統的數據處理分析能力。

未來，挖掘數據價值的能力將成為企業核心競爭力的重要組成部分。屆時，數據中心的作用將越發關鍵。因此，數據中心服務商要進一步增強數據中心挖掘潛在價值的能力，利用融合的數據平台，對數據中心業務流程進行持續優化，幫助客戶充分挖掘數據的商業價值。

1　一種分佈式系統基礎架構。

第 12 章

雲數據中心建設的解決方案

雲數據中心 VS 傳統 IDC

　　雲計算逐漸從一種技術演變為人人都能購買的服務，在未來的信息社會，它甚至會成為一種公共資源。將雲計算與數據中心相結合的雲數據中心是對傳統數據中心的迭代升級，推進其發展與應用對數據中心產業具有非常積極的影響。那麼，什麼是雲數據中心呢？與傳統 IDC 相比，雲數據中心又有哪些優勢？

一、什麼是雲數據中心

　　雲數據中心是指利用網絡虛擬化、存儲虛擬化、應用虛擬化、服務器虛擬化、數據中心虛擬化等 IT 技術，打造一個標準化的、虛擬化的、自動化的、最優化的適應性基礎設施環境與高可用計算環境。

　　雲數據中心的特徵主要包括高度虛擬化、自動化、綠色節能。其中，虛擬化是指雲數據中心的網絡、存儲、應用及服務器等實現了虛擬化，用戶可根據自身的實際需要調取相應資源；自動化是指雲數據中心的物理服務器、虛擬服務器、業務流程、客戶服務等都實現了自動化管理；綠色節能是指雲數據中心的設計、建造、運營等都符合綠色節能標準，其 PUE

值在 1.5 以下。

二、雲數據中心和傳統 IDC 有何區別

從設計理念來看，傳統 IDC 重視機房的安全、可靠與高標準，但未能與 IT 系統相協調，導致其運營成本顯著提升。雲數據中心在保障設備設施符合相關標準的基礎上，實現了與 IT 系統的完美銜接，從而獲得了運營效率與成本等方面的優勢。

（1）在資源集約化速度和規模上的區別。

利用資源集約化來動態調配資源是雲數據中心的重要特徵。雖然傳統 IDC 也能在一定程度上實現集約化，但其資源整合效率要明顯低於雲數據中心，規模也相對較小。因為傳統 IDC 是基於硬件服務器的相對有限的資源整合。舉個例子，傳統 IDC 可以將一台實體服務器共享給多台虛擬機，然而一台實體服務器的資源是非常有限的，而且它不能在短時間內對資源進行再分配，從而無法支撐高併發業務。而雲數據中心可以對多台實體服務器，甚至對屬於不同數據中心的實體服務器資源進行高效整合與再分配，能夠同時滿足海量的個性化用戶需求。

（2）在平台運行效率上的區別。

雲數據中心採用了更為先進的技術與資源利用模式，在平台運行效率方面明顯高於傳統 IDC。而且雲數據中心是由服務商負責硬件設備的管理與運維，用戶將自身的資源與精力集中到內部業務開發與創新方面即可。

（3）在服務類型上的區別。

託管或租用實體服務器是最為常見的傳統 IDC 服務。其中，託管實體服務器服務是用戶自行購買服務器設備並發往機房託管，在託管過程中，用戶需要自主完成設備監控與管理，傳統 IDC 服務商的工作是 IP 接入、寬帶接入、能源供應、網絡維護；租用實體服務器服務是用戶向 IDC

租用實體服務器，不需要購買硬件設備，只要支付一定的租金即可。

而雲數據中心服務商可以為用戶提供＂基礎設施—業務基礎平台—應用層＂的一體化服務解決方案。比如對於想要提高 IT 服務穩定性的用戶，雲數據中心服務商可以利用虛擬化的動態遷移技術，在硬件系統發生故障時將相關服務快速遷移至其他硬件資源，從而避免重新部署硬件環境導致的服務延遲。

（4）在資源分配時滯上的區別。

傳統 IDC 需要部署實體硬件，往往要幾個小時甚至幾天才能向客戶交付資源，這將降低數據中心的運營效率，而且它不能做到短時間內資源再分配，從而引發資源浪費問題。

而雲數據中心僅用幾分鐘甚至幾十秒便能完成資源再分配，其雲端虛擬資源池中擁有海量的資源，即便出現大量業務集中爆發的情況，也能有效應對。

雲數據中心的構建步驟

一、虛擬化

利用軟硬件管理程序將物理資源映射為虛擬資源的技術被稱為虛擬化技術。對關鍵 IT 資源進行虛擬化，是打造雲數據中心的基礎和前提。

雲數據中心需要虛擬化的關鍵 IT 資源主要有服務器、存儲及網絡。其中，服務器虛擬化主要包括 Unix 服務器虛擬化與 x86 服務器虛擬化。Unix 服務器又被稱為小型機，而小型機廠商普遍為自身的小型機產品開發了差異化的虛擬化程序，導致這些虛擬化程序無法對其他廠商的小型機產品進行虛擬化。目前，市場中常見的 x86 服務器虛擬化產品有 VMware ESX/ESXi、微軟的 Hyper–V、開源 KVM 虛擬機等。Oracle 和華為等服務器廠商還開發了基於 Xenia 內核的虛擬化平台。雲數據中心需要同時調用不同廠商以及不同類型的服務器資源，而對服務器進行虛擬化後，便可以有效解決不同服務器間的硬件差異問題，使用戶獲得標準邏輯形式的計算資源。

存儲虛擬化的邏輯為：在物理存儲系統上增加一個虛擬層，從而將物理存儲虛擬化為邏輯存儲單元。通過存儲虛擬化，雲數據中心服務商可以將不同品牌、不同級別的存儲設備資源整合到一個大型的邏輯存儲空間內，然後對這個存儲空間進行劃分，以便滿足不同用戶的個性化需要。

網絡虛擬化涉及網絡設備及網絡安全設備、網絡本身的虛擬化。其中，需要虛擬化的網絡設備及網絡安全設備有網卡、路由器、交換機、HBA 卡、防火牆、IDS/IPS、負載均衡設備等。網絡本身的虛擬化主要涉及 FC 存儲網絡與 IP 網絡的虛擬化。

目前，個體與組織對網絡的需求越發個性化，為了更加低成本地滿足其需求，雲數據中心廠商對網絡進行虛擬化成為必然選擇。與此同時，網絡虛擬化後，雲數據中心可以在網絡環境與多層應用環境中將非同組用戶實現邏輯隔離，這既能提高數據安全性，又能降低網絡管理複雜性。

將關鍵 IT 資源進行虛擬化後，雲數據中心服務商便可以對這些資源進行統一調配與集中共享，大幅度提高資源利用率。測試數據顯示，未虛擬化前，數據中心 IT 資源利用率僅有 10%～20%，而虛擬化後的資源利用率達到了 50%～60%。

二、資源池化

資源池化是指 IT 資源完成虛擬化後，為其標上特定的功能標籤，再將其分配到不同的資源組，最終完成其池化。

　　資源池化可以解決不同結構 IT 設備的規格與標準的差異問題，對資源進行邏輯分類、分組，最終將資源用標準化的邏輯形式提供給用戶。資源池化過程中，雲數據中心服務商可按照硬件特性，對不同服務等級的資源池組進行劃分。雲數據中心的資源池主要包括服務器資源池、存儲資源池及網絡資源池。

　　存儲資源池化過程中，雲數據中心服務商需要重點分析存儲容量、FC SAN 網絡需要的 HBA 卡的端口數量、IP 網絡所需的網卡端口數量等是否與自身的業務規模相匹配。

　　網絡資源池化過程中，雲數據中心服務商則需要重點分析進出口鏈路帶寬，HBA 卡與端口數量，IP 網卡與端口數量，安全設備端口數量與帶寬等是否與自身的業務規模相匹配。

三、自動化

　　自動化是指使 IT 資源都能夠按照預設程序進行處理的過程。如果說 IT 資源的虛擬化與池化能夠讓數據中心的計算能力、存儲空間、網絡帶寬與鏈路等成為動態化的基礎設施，那麼，IT 資源的自動化便是讓數據中心獲得了一套能夠對基礎設施進行自動化管理的有效工具。

　　雲數據中心可以利用基於 SOA 的流程管理工具對數據中心的業務任務、IT 任務進行統一 IT 編排。然後利用可編程的工作流程工具從資產中解耦工作流程及流程的執行邏輯。在 IT 編排工具的幫助下，系統設計師可以對現有工作流程進行修改，添加新的工作流程，甚至利用可重複使用的適配器對資產進行修改等，不需要重新開展工作，有效降低開發人力、物力成本。

雲數據中心的運維管理

通過打造數據中心基礎設施管理工具 —— 雲管理平台，雲數據中心服務商可以充分體現動態基礎架構的優勢，實現動態化的基礎設施資源監控、安全管理、資產管理、流程自動化管理，以及基於 ITIL[1] 的運維管理等。

一、雲管理平台

雲管理平台內集成了 ISDM、vCenter、CLM、VIS 等商業化產品，可滿足用戶的差異化需要。目前，主流的開源雲管理平台包括 OpenStack[2]、Eucalyptus[3] 等。

不過，現有的雲管理平台在服務方面仍有很大的拓展空間，如果用戶想要獲得不同服務，可能需要同時使用多種雲管理平台，從而增加用戶成本。為解決該問題，雲數據中心服務商可以基於 OpenStack 等開源雲管理平台，集成多種開源產品，來低成本、高效率地打造綜合性的雲數據中心管理平台。

比如：將開源網絡流量監測圖形分析工具 Cacti 與開源監控繪圖工具 RRDtool 相結合，來為用戶實時展現雲數據中心的健康狀況；利用開源 Nagios[4] 對雲管理平台的基礎架構與容量進行規劃；利用開源 UNIX 管理

---

1 ITIL（Information Technology Infrastructure Library，信息技術基礎架構庫）是全球公認的一系列信息技術（IT）服務管理的最佳實踐。由英國中央計算機與電信局創建，旨在滿足將信息技術應用於商業領域的發展需求。
2 OpenStack 是一個開源的雲計算管理平台項目，是一系列軟件開源項目的組合。
3 Eucalyptus 是一種開源的軟件基礎結構，用來通過計算集群或工作站群實現彈性的、實用的雲計算。
4 Nagios 是一款開源的免費網絡監視工具，能有效監控 Windows、Linux 和 Unix 的主機狀態，交換機路由器等網絡設備，打印機等。

工具 cfengine[1] 來配置引擎；利用開源的網絡管理系統 OpenNMS 對網絡進行管理；等等。

在雲管理平台上開發動態監控模塊後，雲數據中心服務商可以對雲數據中心的瓶頸與潛在故障進行檢測，實現對關鍵系統資源與自動響應時間的主動監控等。在此基礎上，雲數據中心服務商可以及時發現問題，並儘可能地在問題影響用戶體驗前將其解決。

通過採用動態 IT 基礎架構建立雲管理平台，雲數據中心可以實現邏輯上的資源動態共享，這使得雲數據中心服務商可以結合應用系統的負載情況動態調整 IT 資源，從而有效提高資產利用率，並進一步拓展應用系統可用性。同時，雲數據中心服務商還可以為雲管理平台開發 IT 資產配置信息管理平台 —— IT 資產配置管理數據庫，來存放標準化配置信息與資產間的關係信息，這不但能幫助雲數據中心服務商快速找到 IT 資源、配置信息及資產間的相互關係，推動管理流程的優化改善，還能對資產配置信息與關係信息進行科學分類與建模，實現數據中心配置變更管理的規範化、流程化。

藉助雲管理平台，雲數據中心還能實現面向業務的 IT 運維管理，具體如表 12-1 所示。

表 12-1　面向業務的 IT 運維管理

序號	具體內容
1	通過對業務數據進行分析，理清業務服務的結構及相互關係
2	根據業務服務的依賴關係進行建模，從而獲得服務模型
3	對數據中心關鍵運維指標進行量化，制定完善的考核指標體系

1　cfengine（配置引擎）是一種 UNIX 管理工具，其目的是使簡單的管理任務自動化，使困難的任務變得較容易。

序號	具體內容
4	對業務模型與關鍵運維指標進行虛擬化,從而實現對服務狀態的可視化管理
5	對事件進行集成,並實時更新業務狀態,實現對關鍵業務服務與運維指標的實時追蹤

二、雲數據中心的運維

有了雲管理平台後,雲數據中心的運維便可以實現事半功倍的良好效果。雲數據中心運維的主要對象包括機房環境基礎設施,以及 IT 服務涉及的設備、系統軟件與數據、管理工具等。

傳統數據中心採用以人工運維為主的運維模式,難以對數據資源的資源進行統一管理,也不能快速完成資源池資源的再分配與閒置資源的回收。為解決這些問題,雲數據中心的運維將採用以自動化運維為主、人工運維為輔的現代化運維模式。

該模式運用了基於 ITIL(Information Technology Infrastructure Library,信息技術基礎架構庫)的管理框架,並建立符合 PDCA 循環的管理體系,從而對數據中心的運維管理進行持續改善。測試數據顯示,採用該模式的雲數據中心人員服務器比率可達 1:1500,傳統運維模式的這一數字僅有 1:40。

私有雲 IaaS[1] 是實現 PaaS[2] 與 SaaS[3] 的前提,也是公有雲與混合雲的基本構建單元,能夠為企業雲奠定堅實基礎。對於大型傳統企業而言,通過

1　IaaS(Infrastructure as a Service,基礎設施即服務),是指把 IT 基礎設施作為一種服務通過網絡對外提供,並根據用戶對資源的實際使用量或佔用量進行計費的一種服務模式。

2　PaaS(Platform as a Service,平台即服務),是指把服務器平台作為一種服務提供的商業模式。

3　SaaS(Software-as-a-Service,軟件即服務),是指通過網絡提供軟件服務。

打造雲數據中心，企業不但可以改善信息系統基礎設施的運營管理，還能加快自身的信息化進程，探索出一條資源利用效率高、環境污染少、經濟效益好、人力資源優勢得到充分發揮的現代化工業之路。

第七部分

人工智能

第 13 章

人工智能：智能商業時代

智能時代，未來已來

近幾年，人工智能迅速發展，滲透到了各行各業，在很大程度上顛覆了原有的經濟結構、生活方式與工作方式，使世界經濟發展格局得以重塑。人工智能爆發出來的能量引起了國內外的廣泛關注，很多國家已經將人工智能列入國家戰略，並出台了一系列政策與規劃，以期在人工智能領域搶佔制高點，佔據絕對優勢。

人工智能（Artificial Intelligence, AI）是一門新興的技術科學，主要內容是研究、開發用於模擬、延伸、拓展人的智能的理論、方法、技術與應用。從宏觀角度來看，人工智能隸屬於計算機科學，它試圖探究智能的本質，研發具備近似人類智能的智能機器，研究內容包括機器人、圖像識別、語音識別、自然語言處理、專家系統等。

在研究者看來，人工智能的發展要經歷三個階段：第一個階段是弱人工智能，第二個階段是與人類智能相當的強人工智能，第三個階段是超過人類智能的超人工智能。

目前，人工智能的發展正處在第一個階段，弱人工智能已經滲透到了人們生活的方方面面，比如搜索引擎、手機語音助手、實時在線地圖等，這些都應用到了人工智能技術。但要想從情感、行為、認知三個層面全面模仿人類，從弱人工智能階段進入強人工智能階段，短時間內無法實現。至於超人工智能，目前只存在於科幻小說與影視作品中。

目前，人工智能取得了極大的突破，已經可以根據對環境的感知做出合理的行動，實現收益最大化。

人工智能應用實現之前要先賦予機器一定的推理能力，然後機器才能做出合理的行動，語音識別、圖像識別等都是如此。這種推理能力不是憑空產生的，它來源於大量的應用場景數據。利用數據對算法模型進行訓練，然後機器才能在算法的指導下做出類人的判斷、決策與行為。

一直以來，人工智能都在完善自身的理論與方法，尋找外部動力，並在這個過程中實現了螺旋式上升發展。數據、算力和算法是影響人工智能行業發展的三大要素，如圖 13-1 所示。2000 年之後，數據量的上漲、運算力的提升和深度學習算法的出現極大地促進了人工智能行業的發展。

圖 13-1　人工智能的 "三駕馬車"

一、數據：海量數據為人工智能發展提供燃料

應用場景數據是人工智能的基礎。只有利用豐富的數據才能做好算法

模型訓練，數據的數量、規模和質量是保證算法模型訓練效果的關鍵。甚至有人認為，對於人工智能來說，擁有海量優質的數據比擁有先進的算法更重要。

隨著移動互聯網、物聯網迅猛發展，多樣化的智能終端不斷普及，各種互聯網應用持續增加，大數據實現了迅猛發展。在大數據處理技術的作用下，人工智能訓練數據集的質量得以大幅提升，經過標註的數據可實現優化存儲與管理。所以，我們將數據視為機器智能的源泉，在大數據的推動下，機器學習等技術實現了進一步發展，其潛力在智能服務的應用中得以充分釋放。

二、算力：滿足高強度、海量數據的處理需求

在人工智能發展的過程中，最大的制約因素就是有限的運算能力。自電子計算機出現以來，機器的運算處理能力不斷提升，對人工智能的發展產生了有效的支持與助力。雲計算在虛擬化、動態易擴展的資源管理方面的優勢，GPU 等人工智能專用芯片的出現，從軟件層面與硬件層面為人工智能在大規模、高性能並行運算方面奠定了堅實的基礎，使數據處理能力與速度大幅增長，使算法執行效率與識別準確率得以大幅提升。

三、算法：深度學習突破人工智能算法瓶頸

對於人工智能來說，數據與硬件是基礎，算法是核心。在人工智能發展歷程中有兩個非常重要的轉折點：一是研究方法從符號主義轉向了統計模型，為人工智能的發展提供了一條新路徑；二是深度學習對其他算法設計思路產生了顛覆，使人工智能算法瓶頸得到了極大的突破。

深度學習（Deep Learning, DL）指的是深度網絡學習，由一組單元構成。數據被輸入到某一個單元之後，該單元通過數據分析得出結果並輸

出，輸出值被傳遞到下游神經元。深度學習網絡的層次往往很多，而且每一層都使用了大量單元，用來對數據中隱藏的模式進行識別。

在深度學習的輔助下，人類程序員可以從模型構建這一煩瑣的工作中解脫出來。而且，深度學習可以為其提供一種更優化、更智能的算法，實現在海量數據庫中自我學習，自動對規則參數進行調整，自動對規模與模型進行優化，使識別的準確率得以大幅提升。目前，對於機器學習來說，自學習已成為一種主流方法。

第三次人工智能浪潮

其實，人工智能、機器學習不是一個新概念，因為這些概念早在 20 世紀 90 年代就已出現。事實上，在人工智能的發展史上，這次浪潮是距離我們最近的一個階段。在此階段，人工智能的發展取得了一些重大成果。比如，1997 年，IBM 公司開發的深藍在與國際象棋世界冠軍卡斯帕羅夫大戰中獲勝；2009 年，洛桑聯邦理工學院發起的"藍腦計劃"聲稱已經成功地模擬了部分鼠腦；2016 年，谷歌研發的 Alpha Go 在與圍棋世界冠軍的大戰中獲勝……

近幾年，機器學習、圖像識別等技術在人們的日常生活與工作中得到更廣泛的應用。比如，人們可以通過 Google Photos 更快地尋找自己需要的圖片，可以利用 Google Now 的自動推送功能獲取所需信息，可以通過 Inbox 自動撰寫郵件回覆，等等。人工智能為我們的工作、生活帶來了極大的便利。

一、第一次人工智能浪潮

1956 年，在美國達特茅斯學院舉辦的夏季學術研討會上，助理教授約翰‧麥卡錫（John McCarthy）提出的 "人工智能" 概念被正式使用。此前，人工智能的先驅艾倫‧圖靈（Alan Mathison Turing）提出了著名的 "圖靈測試"：將人和機器分開進行測試，如果 30% 以上的被測試者無法確定他面對的是人還是機器，這台機器就順利通過測試，被認為具有人工智能功能。受圖靈測試的刺激，全球範圍內出現了第一次人工智能浪潮。

在此階段，研究方法方面，符號主義方法盛行，數學證明、專家系統、知識推理等形式化的方法在人機交互過程中得到了廣泛應用。但因為那個時候計算機和互聯網技術剛剛起步，運算速度有限，在很大程度上制約了人工智能的發展。

二、第二次人工智能浪潮

進入 20 世紀 80 年代之後，出現了第二次人工智能浪潮。因為傳統的符號主義學派發展緩慢，有研究者嘗試使用基於概率統計模型的新方法，促使語音識別、機器翻譯實現了進一步發展。在模式識別領域，人工神經網絡大放異彩。在這個階段，由於數據量不足，再加上測試環境有限，人工智能只限於學術研究，沒能走出實驗室，不具備實用價值。

三、第三次人工智能浪潮

2006 年，傑弗里‧辛頓（Geaffrey Hinton）等提出深度學習技術，掀起了第三次人工智能浪潮。2015 年，在圖像識別領域，基於深度學習的人工智能算法的準確率首次超過了人類肉眼識圖的準確率，人工智能實現了飛躍式發展。隨著機器視覺研究領域的突破，在語音識別、自然語言處理、數據挖掘等領域，深度學習都取得了突破性進展。2016 年，微軟英語語音識別錯詞率降至 5.9%，與人類不相上下。

現階段，在各種利好條件的加持下，人工智能走出實驗室，正式進入市場，實現了產業化。2017 年，無人駕駛、搜索引擎、智能助理、機器人、新聞推薦與撰稿等應用相繼進入人們的日常工作和生活，所以 2017 年又被稱為人工智能產業化元年。

深度學習的不斷發展促使人工智能迎來了第三次發展浪潮，在數據、算力、算法、平台四個方面取得了很大的進步。

• 在數據方面：行業數據集不斷建立，為各行業利用 AI 解決實際問題提供了強有力的支持。

• 在算力方面：從 2012 年開始，AI 訓練任務需要的算力每 3.43 個月就會翻倍。目前，算力大約每年會增長 10 倍。這種增長來源於兩個方面，一方面是芯片更新，讓芯片每秒鐘能夠執行更多操作；另一方面是研究人員不斷尋找更有效的並行計算方法。

• 在算法方面：算法有三大發展趨勢，一是用比較複雜的模型降低模型偏差；二是用大數據提升統計、估計的準確性；三是利用可擴展的梯度下降算法為大規模優化問題提供解決方案，促使深度學習不斷地向強化學習、遷移學習發展，為算法應用提供方便，降低應用開發難度。近幾年，AI 框架層出不窮，截至目前，AI 框架已有 40 多個。

• 在平台方面：雲端 AI 平台與邊緣 AI 平台並存，雲端承擔算法模型訓練，邊緣承擔推理應用，平台提供生態，推動數據、算力、算法共同發展。

AI 的商業化路徑

隨著互聯網的高速發展與普遍應用，銀行的業務量持續增加，現有的客服人員已無法滿足需求。面對日益繁重的工作任務，傳統銀行客服中心需要招聘更多的客服人員，而在客服人員不足時，需要依靠服務機器人來代替人工。

那些具備簡單 AI 技術如語音識別、語義理解的客服機器人，無法取代人工客服，要想解決這個問題，就必須讓機器人參考過往歷史客服數據，通過承擔人工客服的大部分工作來提高工作效率，並幫助銀行達到節約成本的目的。

在物業領域，物業公司的平均利潤率達到 8%～10%，該領域可使用服務機器人來承擔清潔安保工作，以自動化運作代替傳統人工，通過這種方式提高利潤率。現如今，清潔安保類服務機器人的成本在 10 萬元以下。

近兩年，國外及國內機器人硬件的價格都呈現出下降趨勢，國內的降價幅度更大。從當前的情況來看，位於一線或二線城市的物業公司購入機器人後，能夠在兩年時間內實現成本收回，考慮到這類機器人的使用壽命可達 3～5 年，其應用能夠為物業公司帶來的收益超過 10 萬元。

在對業內排名靠前的物業公司進行調查後發現，這些公司對服務機器人的接受意願較高，且願意促進其廣泛應用。這些公司認為，在提供優質服務的基礎上，能夠利用服務機器人擴大自身收益。不過，目前仍需進行市場環境的培養與建設，在這方面，可採取試用體驗的方式進行市場教育。

一、智能服務：AI 商業化落地的關鍵

近年來，越來越多的傳統行業正積極革新管理理念，以更為優質的服

務滿足消費者的需求，金融、物業只是其中的一部分。比如，國家電網開始用多元化業務模式代替傳統的單一售電業務模式。對組織架構進行改革之後，企業應實現服務與其他業務之間的協同運營。在向數字化、智能化方向轉型的過程中，企業要抓緊時間打造智能客服中心，實現人與機器之間的融合。

隨著技術水平的提高及製造成本的下降，國內服務機器人的價格也在降低。對比分析國內與發達國家的服務機器人，兩者在製造基礎、技術發展、人才培養、市場等諸多方面並不存在明顯的差距。如今，國內服務機器人產業逐漸形成了良好的循環發展體系。

人工智能企業當前面臨的問題是，在技術條件不變的基礎上，怎樣針對客戶的需求提供有針對性的服務。為了體現出在服務提供方面的獨特優勢，企業需藉助先進的技術手段，發揮服務機器人與傳統人工之間的協同效應。

在今後的發展中，服務將逐漸取代產品集中體現企業的競爭優勢，也就是說，企業將提高對用戶體驗的重視程度。現階段下，人工智能可代替人類承擔許多知識類工作，但卻無法勝任情感類工作。要想滿足人類的情感需求，就要提高人工智能技術的情感認知能力，並實現其在智能客服中的應用落地，推出更具人性化、更具針對性的服務。

二、技術變革：驅動傳統產業轉型升級

伴隨著互聯網的高速發展與普遍應用，企業的互聯網意識逐漸提高。目前，金融、物流、農業、電商等行業對人工智能的應用較為普及。人工智能企業在促使傳統行業進行智能化升級的過程中，要對行業需求進行深挖，對 C 用戶的需求進行全面而準確的把握，據此進行產品設計與生產。

以政務場景為例，用戶到政務機構辦理業務時，通常要經歷複雜的辦事流程，且需要去往多個部門逐一等待審批，這種方式會給用戶帶來不便，且會降低政務部門的工作效率。大數據分析結果表明，在這些繁雜的辦事流程中，有些步驟可以實現並聯操作，改變此前讓用戶逐一等待的方式，進而加快業務處理速度，提高政務部門的工作效率。

如今，以遠傳技術、阿里巴巴為代表的企業都在積極開發智慧政務解決方案。比如，遠傳技術推出了以"小遠"為代表的智能服務機器人，以及智能叫號系統、綜合服務信息設備等，實現了對大數據、人工智能的應用落地，旨在提高政務端的辦事效率，免除用戶多次往返政務部門的勞苦。

人工智能企業在熟悉了行業的具體情況後，不僅能夠服務於行業用戶，還能開發技術平台，從基礎設施層面服務於其他技術企業的發展，並為傳統企業提供必要的支持，找出行業發展過程中存在的不足並加以克服，在技術水平不斷提高的基礎上，持續推進人工智能的應用，利用先進的技術手段提高行業發展的信息化程度。

大數據、互聯網的誕生及應用拉開了新時代的大門，人工智能、虛擬現實／增強現實技術的應用改變了以往的消費市場，在促使新興產業崛起的同時，還促進了傳統產業的轉型，並且催生了平台型經濟。在後續發展過程中，為了對接人們的個性化需求，人工智能技術也將改變傳統的製造模式，更具針對性。

第 14 章

智能＋：驅動傳統產業轉型

AI＋金融：金融科技的顛覆

　　AI＋金融是指以機器學習、計算機視覺、自然語言處理等人工智能核心技術為驅動力，為金融行業各參與主體、業務環節賦能，將 AI 技術在產品創新、服務升級、流程再造等方面的作用凸顯出來。

　　縱觀近半個世紀金融行業的發展，每一次技術升級與商業模式變革都離不開科技賦能與理念創新。根據金融行業在發展過程中的代表性技術與核心商業要素特點，可以將金融行業發展劃分為三個階段，分別是 IT＋金融階段、互聯網＋金融階段和 AI＋金融階段，如圖 14–1 所示。

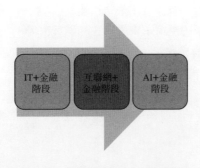

圖 14-1　金融行業的三個發展階段

AI＋金融階段建立在 IT 信息系統穩定可靠、互聯網發展環境逐漸成熟的基礎之上，從根本上改變了金融產業鏈原有的佈局。目前，相較於以往任何階段來說，科技對行業的改變都更明顯，對金融行業未來發展的影響都更深遠。

　　從近幾年金融行業的發展趨勢來看，傳統金融機構因為忽略了系統建設與流程建設，沒能做好違約風險監控，沒有建立系統的風險預警機制，所以在風險管理方面出現了很多問題。同時，在央行實施宏觀審慎評估體系、監管日漸嚴格的環境下，金融機構必須改變原有的管理思路，利用人工智能等新型技術手段提高自身的風險管控能力，以更好地應對挑戰。

一、AI＋金融的技術架構

　　在 AI＋金融行業，人工智能與大數據、雲計算、區塊鏈等技術有著緊密聯繫，大數據可以從機器學習、算法優化等方面為機器學習提供支持；雲計算可以增強大數據的運算能力與存儲能力，降低運營成本；區塊鏈可以解決大數據、雲計算、人工智能等技術應用帶來的數據泄露、數據被篡改等安全問題，讓金融交易更安全。作為金融行業未來發展的核心驅動力，人工智能技術將與其他技術一起為金融行業發展帶來強有力的推動。

　　目前，AI＋金融涉及的技術主要有四項，分別是機器學習、自然語言處理、知識圖譜、計算機視覺，如圖 14-2 所示。

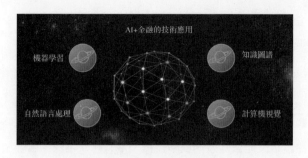

圖 14-2　AI+ 金融的技術應用

在人工智能領域，機器學習是一項核心技術，是金融行業各種智能應用得以實現的關鍵技術；知識圖譜利用知識抽取、知識融合、知識表示、知識推理等技術構建實現智能化應用的基礎知識資源；自然語言處理通過對詞、句、篇章進行分析，提高了客服、投資研發等領域的工作效率；計算機視覺技術利用捲積神經網絡算法在身份驗證、移動支付環節實現了廣泛應用。

二、AI + 金融的投融資情況

近幾年，人工智能技術快速發展，國內資本市場逐漸成熟，在這種情況下，AI + 金融吸引了大量資本。2011—2018 年，AI + 金融共完成 130 起融資，從 2016 年開始，AI + 金融行業平均每年都會完成 30 餘起融資。據此推算，未來，AI + 金融行業的融資將保持穩定增長。

從融資輪次來看，AI + 金融行業的融資主要集中在天使輪與 A 輪，其中天使輪融資佔比 38%，A 輪融資佔比 27%，說明在早期發展階段表現優秀的創業公司更易獲得投資機構的認可，希望通過資本佈局對業內科技企業的孵化產生積極的推動作用。

從 AI + 金融行業的科技企業的類型來看，隨著監管政策持續增多，公眾理財多樣化發展需求不斷提升，智能風控和智能投顧所獲投資佔比超過了一半，智能投研、智能營銷緊隨其後，智能支付因為市場格局比較成熟，所獲投資輪次相對較少。

三、AI + 金融的商業模式

現階段，科技行業的巨頭、細分領域的標杆企業從技術層面為金融企業賦能，傳統金融機構也積極利用自身資源開發新的金融服務模式，或與互聯網科技公司合作創建新的金融服務模式，推動人工智能技術快速擴散，讓更多金融企業可以享受科技帶來的紅利。

憑藉開放的技術平台、穩定的獲客渠道、持續不斷的創新活動，金融機構將自身的資源優勢與互聯網科技公司的技術優勢相結合，創造了一種全新的價值鏈創造模式，不僅提高了客戶使用效率與客戶對服務的滿意度，還顛覆了原有的商業邏輯，促使雙方價值資源共享，逐漸形成了 AI + 金融的行業生態與市場格局。在此基礎上，各技術提供方以基礎設施、流量變現、增值服務等環節為中心，形成了差異化的服務能力，構建了多元化的盈利模式，創造了一個新型的藍海市場，利用長尾效應為行業創造了巨大的價值。

AI + 交通：無人駕駛的未來

交通運輸業是較早應用人工智能的領域之一，而美國無人駕駛汽車發生交通事故後，關於將尚不成熟的人工智能應用到交通運輸行業的質疑聲音不斷增多。當無人駕駛汽車的軟件系統可以通過道路安全測試時，無人駕駛汽車的大規模商業化應用時代將會快速來臨。業內人士預測，2030

年時，無人駕駛不但會被應用到汽車領域，在船舶、飛機等領域也將會被充分應用。

早在 2001 年時，個人汽車中便開始使用 GPS，不久後，該系統在交通運輸中得到大規模推廣普及。技術的迅猛發展，使汽車中的傳感設備數量實現大規模增長，未來，人工智能汽車中將會使用安全感應器、陀螺儀、溫度傳感器、環境光傳感器等。

進入 21 世紀後，自動駕駛技術發展速度十分迅猛，在航空及水上交通方面，自動駕駛已經得到了實現，然而因為道路駕駛的複雜性，自動駕駛在汽車上的應用尚處於摸索階段，行人、其他車輛加塞、不平整的路面等，導致汽車自動駕駛難度相對較高。

在無人駕駛領域，國內的百度及國際上的谷歌處於世界領先水平，二者研發的自動駕駛汽車經過了多次測試，具有較高的國際知名度。未來，傳感器、深度學習等技術的融合應用，將會使無人駕駛汽車的商業化應用逐漸成為可能。

如果無人駕駛汽車能夠得到大規模應用，由於交通事故引發的財產及人身安全問題將會得到有效解決，而且人得以從枯燥、高集中度的駕駛作業中解放出來，停車也將更為方便快捷。

為了迎接自動駕駛時代的來臨，美國內華達州、密歇根州、佛羅里達州及加利福尼亞州出台了在公共道路上測試自動駕駛汽車的法律，英國、法國、加拿大等國也出台了類似法律法規。不過，對於引發交通事故後的責任判定的相關法律法規尚未出台。

美國向來對交通基礎設施建設給予高度重視，各個城市積極引進新技術對城市交通基礎設施進行不斷優化完善，2013 年，紐約市引入網絡攝像機、複合微波傳感等人工智能相關技術來監測實時路況。

美國交通部積極引導各城市制定中長期城市交通基礎設施計劃，讓城市中的人、車、物等資源可以高效低成本地自由流動，為此，需要將車輛及交通基礎設施接入移動互聯網，通過數據實時交換實現協調控制。

按照美國高速公路安全局（NHTSA）的劃分方法，智能汽車的發展包括四個階段：第一階段是駕駛輔助；第二階段是部分自動化；第三階段是有條件自動化；第四階段是完全自動化。除了百度、谷歌等引領者能夠達到有條件自動化之外，其他汽車大都是部分自動化。業內人士預計，國內無人駕駛將在 2020 年後達到完全自動化的水平。

與西方發達國家相比，中國的無人駕駛技術起步較晚，無法與美國、英國等國家相提並論。儘管如此，中國的人口基礎龐大，擁有巨大的市場開發潛力。麥肯錫諮詢公司推測，未來中國有望成為全球最大的自動駕駛市場。

儘管國內交通路況比較複雜，增加了無人駕駛發展的難度，但無人駕駛蘊藏的巨大商業價值不容忽視。現如今，中國已經制定了智能網聯汽車的發展規劃，並建立了相應的統一標準，其發展很有可能在未來趕超西方發達國家。

AI ＋ 物流：智慧物流新變革

完善物流等基礎設施建設，推進物聯網、大數據、人工智能等新一代信息技術在各行業的研究應用，是推動中國國民經濟持續穩定增長的有效手段，也是實現中華民族偉大復興中國夢的必由之路。智慧物流是人工智能等現代科技在物流領域的落地應用，為提高物流業發展水平提供了巨大推力。

互聯網企業、物流服務商等都在積極佈局智慧物流，京東積極研發無人倉技術，實現倉儲環節提質增效；菜鳥物流研發了機器人小 G，運用動態識別、智能感知等技術解決最後一公里配送問題。整體來看，人工智能對物流業的影響並非局限於某個領域，而是全方位的，這將會創造巨大的經濟效益和社會效益。

計算機視覺、智能機器人、動態識別、自動避障等人工智能技術將深刻改變傳統物流業。具體而言，這種影響將在以下幾個方面得到充分體現，如圖 14-3 所示。

圖 14-3　AI 驅動物流業變革

一、優化倉庫選址

倉庫選址需要海量地理與地圖數據提供支持，也要藉助地理信息系統軟件和地理模型等工具。但國內倉庫選址面臨地理數據質量低、獲取成本高、處理難度大等痛點，給倉庫選址建模等工作帶來了諸多阻礙。

而人工智能技術的發展與應用，為解決倉庫選址問題提供了新的思路。人工智能技術可以幫助企業綜合地理位置、運輸量、物流成本等多種因素，對相關大數據進行整合並分析，快速建立倉庫選址模型，而且隨著相關數據的不斷積累，該模型將會得到持續優化，從而使選址結果更加客觀、精準。

二、合理管理庫存量

傳統庫存管理對人工管理有較高的依賴性，需要管理人員有豐富的經驗，這樣才能對不同商品存放庫位進行整體優化，提高庫存量，減少搬運作業；合理安排出入庫時間，滿足客戶實際需要等。顯然這種管理人才是稀缺資源，而且庫存管理勞動強度大，管理人員要承擔較大的工作壓力。

而應用人工智能技術後，可以由庫存智能管理系統實時分析歷史庫存數據和實時訂單信息，對庫存量進行動態調整，避免庫存積壓，降低企業經營風險，提高庫存周轉率。為此，企業需要實現庫位聯網化，基於可視化定位導引、大數據、雲計算等技術，打造具備訂單實時處理與服務能力的倉儲管理系統。

三、提高倉儲作業效率

智能倉庫中同時存在分揀機器人、搬運機器人、碼垛機器人、出入庫機器人等多種機器人設備，通過它們的高效協同配合，可以顯著提高倉儲作業效率與質量。以蘇寧的智能倉庫實踐項目為例，其倉庫中配備了 200 台倉庫機器人，在上千平方米的倉庫中載運著近萬個移動貨架，開展商品揀選作業。智能機器人被應用到揀選環節後，不需要人奔波於各種貨架中揀選，小件商品揀選準確率高達 99.99%，效率達到了人工揀選的 3 倍。

四、運輸配送更快捷

　　科學合理的運輸路線規劃，是提高配送效率，降低配送成本的關鍵所在。傳統物流運輸由於路線規劃不合理，導致貨車要多走很長的距離，而且不能避開交通擁堵路段，影響了配送效率。而通過人工智能技術進行路線規劃，可以有效解決這一問題，它可以綜合路況、運量、天氣、能耗等多種因素為車輛設置科學合理的運輸路線，並且可以在出現突發狀況時，對路線進行實時優化調整。

　　未來，倉庫系統收到配送訂單後，會自動根據訂單需求讓分揀機器人揀選出相關商品，並用傳送帶運至待發貨區打包。然後，搭載智能系統的智能物流車在發貨區裝滿貨物後，會對貨物目的地信息進行整體分析，自動計算出最優配送路線。之後，智能物流車按照該路線駛往目的地。

　　和普通物流車相比，智能物流車車廂上安裝了自動裝運系統，貨架和後車門採用一體化設計，搬運機器人為智能物流車裝貨時，先將其整體取下，裝完貨物後再搬到車上，從而有效提高裝貨效率。

　　當然，人工智能技術作為一種前沿科技，其發展尚未完善，給智慧物流業的發展造成了一定的阻礙，主要體現在以下兩個方面：

　　（1）物流信息化隔離。部門、層級溝通受阻，信息系統缺乏統一標準等，導致中國物流業存在信息孤島問題。儘管部分大型企業利用物聯網技術建立了智能物流系統，但與之合作的供應商、客戶等缺乏與該系統相匹配的軟硬件設施，導致該系統作用無法充分發揮，反而提高了企業的物流成本。

　　（2）物流基礎數據不完善。物流基礎數據是智慧物流發展的核心資源，但很多企業因為認知水平不足、資源缺乏等因素，未能搜集到足夠的物流基礎數據，更不用說建立智能物流系統。

AI ＋ 營銷：重塑數字營銷新格局

Alpha Go 擊敗世界圍棋冠軍，《紐約客》封面刊登 "人類向機器人乞討" 的畫面，李開復將 AI 與中國作為達沃斯第 48 屆世界經濟論壇年會的演講主題…… 人工智能正在引發一場新的時代變革，我們都是這場變革的見證者。

AI 隱藏著巨大的價值，這一點毋庸置疑，但這些價值只有通過在具體行業落地應用才能實現。其中，在營銷領域，智能營銷早已成為熱門話題。隨著營銷成本不斷攀升，人工智能如何賦能營銷，幫廣告主降低營銷成本，提高營銷效率呢？

一、AI 改變營銷：從信息發佈到信息匹配

如果營銷人員還在糾結 "如何發佈廣告信息"，就說明其思維還處在傳統營銷時代。在智能營銷時代，與消費者需求相匹配的信息會被智能地推送給消費者，這就要求營銷人員不僅要了解自己的產品，還要關注消費者需求，將對用戶需求的深度洞察和對商品特徵的精細把握相結合。目前，藉助大數據技術，營銷人員已經可以很好地了解產品特徵與用戶需求，但還無法讓二者實現精準匹配。人工智能技術的引入使該問題迎刃而解。

以搜狗為例，搜狗利用人工智能技術建立了無線自動化匹配體系，可以更好地把握用戶在不同場景下的需求。比如，在電商場景中，搜狗了解到用戶希望通過價格對比買到質優價廉的商品；在逛街購物場景中，搜狗了解到用戶希望在附近發現適合自己口味的餐廳；在查看電影票信息時，搜狗了解到用戶希望可以直接選座購票或者看

到電影評論。據了解，目前，搜狗配備了自動化匹配體系的搜索產品已覆蓋了 20 多個行業，展示形式多達 40 多種，可以根據用戶需求將 20 多億種廣告物料用合適的方式展示出來，並針對用戶提問給出最恰當的回答。

二、AI 助力營銷：實現高效的精準對接

2017 年 10 月 17 日，京東聯合搜狗推出"京搜計劃"，二者的合作是人工智能在電商場景中為用戶提供精準推薦的一次成功落地。隨著消費群體不斷細分，電商平台要想源源不斷地獲取新客戶，必須構建一個精細化的運營團隊，打造一個覆蓋範圍極廣的媒介，或與這類媒介建立合作關係，精準地把握不同消費群體的不同需求，有針對性地為其推薦商品與信息。但對於電商平台，尤其是綜合型電商平台來說，如何將不計其數的商品精準、高效地推送給不計其數的用戶，是一項巨大的挑戰。

京東與搜狗的合作為人工智能賦能營銷做出了成功示範。在這次合作中，京東與搜狗採取了三步走戰略：第一步，打通搜狗與京東的數據；第二步，打通搜狗與京東的產品庫；第三步，利用搜狗的智能化商業產品曝光京東平台上的數百萬件商品。

為了實現第三步的目標，搜狗不僅要洞察海量用戶的商業意圖，還要對京東商品庫中的商品進行細致分析，創建高亮圖譜，為用戶提供個性化推薦，根據用戶需求與喜好自動為其匹配合適的產品。在 2017 年"雙 11"期間，京東 50% 的廣告物料都是自動生成的，廣告物料生成之後，立即與搜狗的全線產品相結合進行線上推廣。搜狗與京東的此次合作之所以能成功，就是因為其技術基礎 —— 基於 AI 的智能匹配已經成熟。

在搜狗的人工智能戰略中，推動人工智能技術實現商業化應用，推動人工營銷轉變為智能營銷，為更多合作夥伴與消費者服務是一項重要內容。搜狗希望利用人工智能賦能營銷，將人與信息、人與服務、人與商品連接在一起，建立與未來的商業世界的連接。

人工智能爆發出來的驚人潛能，吸引了世界各國的廣泛關注，國內外巨頭都在積極佈局人工智能領域，避免錯過這一前所未有的重大發展機遇。

蘋果、谷歌、微軟、IBM 及 Facebook 五家科技巨頭曾經在 2016 年 9 月 28 日達成合作協議，共同成立非營利組織 —— AI 合作組織，通過資源共享推動人工智能發展與行業應用。

未來，AI 將會給人類日常生活的方方面面帶來重大變革，無人駕駛、智能教育、家庭服務機器人、醫療服務機器人等，將會給人類創造巨大價值，有效降低資源浪費及環境污染。

美國斯坦福大學發佈的《2030 年的人工智能和生活》報告中強調，長期以來，學術界關於人工智能的概念並未達成一致，而報告將 "人工智能" 定義為一種致力於實現機器智能化的活動，其中，"智能化" 是指讓機器在其所在環境中能夠恰當地和有預見性地實現自我功能。使軟件和硬件具備這種自我實現功能並非一件簡單的事情，需要充分考慮速度、規模、普遍性等諸多因素。

第八部分

工業互聯網

第 15 章

工業互聯網：賦能智能製造

重塑未來經濟之路

　　網絡信息技術與工業的深度融合，培育壯大了數字化、網絡化、智能化的新型工業形態，使工業互聯網邁向高速發展快車道。為提高製造業競爭力，推動實體經濟又快又穩發展，美國、德國、日本等多個國家紛紛加快推進工業互聯網建設，中國也不甘落後，從政策、資金、技術、人才等方面為工業互聯網發展提供了諸多支持。

　　工業互聯網是推動 AI、IoT、互聯網、大數據等新一代信息技術與現代工業融為一體的新技術、新模式，是推動製造強國與網絡強國戰略落地的重要力量。具體來看，大力發展工業互聯網對中國經濟社會發展的價值主要體現在以下幾個方面，如圖 15-1 所示。

一、未來經濟持續繁榮的新基石

　　工業互聯網可以有力地推動網絡信息技術在生產製造、流通、運行、服務等環節的落地應用，通過信息流助推技術、資金、人才及物資的高效流動，從而實現資源配置優化、全要素生產率提升以及經濟的有序發展。

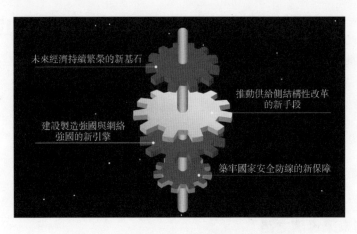

未來經濟持續繁榮的新基石

推動供給側結構性改革的新手段

建設製造強國與網絡強國的新引擎

築牢國家安全防線的新保障

圖 15-1　工業互聯網對中國經濟社會發展的價值

　　作為一種新型勞動工具，工業互聯網實現了人、設備、環境、物料、產品等實體生產基本要素的全面互聯，並能夠深度發掘工業大數據的巨大價值，有效提升個體與組織的價值創造力。

　　作為一項新型基礎設施，工業互聯網為製造、能源、交通、電力等經濟社會各部門的智能化升級提供了網絡連接與計算處理平台，堪稱數字經濟時代的通用性基礎設施，能夠推動經濟社會的全面發展。正像阿里雲首席智聯網科學家丁險峰所說，"未來十年將是工業互聯網的時代，就像過去十年是移動互聯網的時代"。

　　作為打造產業發展新體系的重要驅動力量，工業互聯網催生了一系列新技術、新應用、新網絡及新平台，推動形成智能化、服務化、綠色化的工業發展新體系，為發展高品質、高效率、高溢價的現代服務業保駕護航，助力傳統產業的轉型升級，並培育和發展戰略性新興產業。

　　作為培育新經濟形態的關鍵支撐，工業互聯網可以有效推動定製經濟、分享經濟、平台經濟等新經濟形態在生產領域落地應用，為加速新舊動能轉換提供巨大推力。

二、推動供給側結構性改革的新手段

在中國供給側結構性改革過程中，工業無疑是一大關鍵板塊，而工業互聯網可以改造升級舊動能、釋放激發新動能，有效提高產業發展質量與效益。例如：在消化庫存方面，工業互聯網可以打通企業內部與外部、供給端與需求端，全方位整合生產企業乃至整個產業的資源與能力，最終有效解決庫存積壓問題；在降低經營管理成本方面，工業互聯網可以減少資源浪費、提高設備效能，大幅度加強企業的成本控制能力。

三、建設製造強國與網絡強國的新引擎

在製造業全面觸網成為主流趨勢背景下，推動製造強國與推動網絡強國已經深度融合。工業互聯網可以進一步加快新一代信息通信技術與工業製造的融合進程，加快發展智能製造，從而成為推動製造強國與網絡強國統籌建設的重要著力點。

"中國製造 2025" 中強調，"以加快新一代信息技術與製造業深度融合為主線、以推進智能製造為主攻方向"。而工業互聯網是發展智能製造的基礎性技術，將成為推動 "智能製造 2025" 落地實施的有效手段。

同時，工業互聯網是實現人、機、物高效連接的新型網絡基礎設施，為中國發展 5G 等新一代移動通信技術，增強網絡治理能力，革新網絡基礎設施提供了強大推力。因此，工業互聯網將成為推進中國網絡強國戰略的重要引擎。

四、築牢國家安全防線的新保障

在工業數據與經濟安全方面，為進一步增強國際競爭力，搶佔更多的

市場份額，微軟、IBM 等國際信息通信巨頭，以及豐田、三星、戴姆勒等國際製造巨頭，都在積極推進工業互聯網平台建設，打造了"知名品牌＋高端產品＋主導平台"的新型發展模式。這種局面下，不但中國企業將面臨更大的競爭壓力，海量工業數據的安全風險也將大幅度增加。因此，建立中國自主可控的工業互聯網技術體系以及工業互聯網平台，成為保障中國工業數據安全乃至經濟安全的有力舉措。

在科技安全方面，工業互聯網能夠有力地推動技術創新，為中國培育一系列高端製造等領域的先進科技。在網絡安全方面，大力發展工業互聯網是提高中國網絡安全的有效手段，而且近年來網絡空間與物理空間的邊界越發模糊，發展工業互聯網可以同時保障網絡空間與物理空間的安全。在社會安全方面，工業互聯網可以有效加強設備設施安防水平，保障生產過程安全，有效降低車間、工廠等關鍵生產設施的生產安全風險。

全球工業互聯網格局

目前，全球工業互聯網處於快速發展期，整體市場格局逐漸清晰、技術標準之爭愈演愈烈，行業龍頭持續加大關鍵平台發展力度。

一、全球工業互聯網兩極多元的總體格局日漸清晰

成立於 2014 年 3 月的 IIC（Industrial Internet Consortium，工業互聯網聯盟）是工業互聯網在世界範圍內推廣普及的重要推動力量。該聯盟由思科（Cisco）、美國電話電報公司（AT&T）、通用電氣（GE）、國際商業機器公司（IBM）和英特爾（Intel）五家公司發起成立，自成立至今，該聯盟的主導者始終是美國。2018 年 12 月，IIC 宣佈與 OpenFog 聯盟合

併，從而成為工業互聯網、邊緣計算等領域最具影響力的國際聯盟。

工業互聯網是德國工業 4.0 的關鍵支撐部分，隨著德國工業 4.0 的持續推進，德國為工業互聯網在全球範圍內的推廣普及同樣提供了重要推力。在發展工業互聯網過程中，德國充分發揮製造巨頭與 "隱形冠軍企業"[1] 的領先優勢，在架構、標準、安全等方面與 IIC 開展協同合作。與此同時，德國為企業、研究機構等提供資金、政策等方面支持，鼓勵後者積極參與 IIC 技術工作，從而在 IIC 的幫助下進一步加快了自身的工業互聯網建設。

當然，不僅是美國、德國，法國、日本、韓國、印度等國家也為工業互聯網發展傾注了大量資源。比如：日本產經省、總務省藉助工業價值鏈創新聯盟、物聯網促進聯盟等，在加快實現工業互聯網產業化的同時，積極推進其工業互聯網走向國際化；印度則通過鼓勵印孚瑟斯、塔塔等巨頭企業與美國、德國等國家的製造企業建立長期合作關係，並積極加入 IIC 等工業互聯網國際組織，來提高國際話語權。

二、以工業互聯網平台為核心的生態競爭不斷升級

在工業互聯網領域，工業互聯網平台是產業競爭的核心所在。GE（General Electric Company，通用電氣公司）、西門子等工業巨頭利用自身的高端裝備與產品，建立了具有工業設備連接、工業大數據分析、工業應用服務等多種功能的工業互聯網平台，從而擁有了 "雲 + 端"、"製造 + 服務"、實體與虛擬相融合等平台優勢，意欲在全球工業互聯網產業競爭

---

1 隱形冠軍企業（the Hidden Champion）這一概念由德國管理學家赫爾曼·西蒙（Hermann Simon）提出，是指那些不為公眾所熟知，卻在某個細分行業或市場佔據領先地位，擁有核心競爭力和明確戰略，其產品、服務難以被超越和模仿的中小型企業。

中掌握更多主動權。

與此同時，IBM（International Business Machines Corporation，國際商業機器公司）、AT&T（American Telephone & Telegraph，美國電話電報公司）、微軟、思科、亞馬遜、英特爾等信息通信巨頭利用自身在軟硬件系統及解決方案方面的強勢地位，也在積極發力工業互聯網平台。

三、以標準化為戰略制高點的前瞻性佈局全面提速

標準競爭是市場競爭的重要組成部分，直接影響到各項新興產業的技術路線、體系設計及產業應用等。當前，推動工業互聯網標準化受到了世界各國的高度重視。例如：美國 ICC 制定了打造全球統一的工業互聯網標準的戰略目標，並與國際標準化組織、開源組織及區域標準研製部門進行深度交流合作，有效加快了相關標準的研究制定進程。德國"工業 4.0平台[1]"建立了標準化機構 LNI 4.0（Lab Networks Industrie 4.0，實驗室網絡 4.0），LNI 4.0 全面負責製造業網絡化與智能化領域的標準研究制定工作，而且 ICC 與工業 4.0 平台已經就"標準與互操作"達成合作關係，共同推進相關標準的研究制定。

除了推進工業互聯網平台建設以及標準研究制定外，製造企業、信息通信企業、產業聯盟及各國政府在建立標準化的工業互聯網商業解決方案、培育工業互聯網生態體系、加強工業互聯網應用安全等方面也投入了海量資源。

---

1 "工業 4.0 平台"由德國政府成立，是一個致力於協調和推進"工業 4.0"發展進程的機構。

中國工業互聯網的實踐

　　中國是全世界唯一擁有聯合國產業分類中所列全部工業門類的國家，已經成為全球第一製造大國，同時，中國網絡信息技術產業也處於蓬勃發展期，這就為中國發展工業互聯網提供了諸多便利。

一、工業互聯網發展基礎良好

　　（1）工業大國地位不斷穩固。

　　改革開放至今，在國有資本、民營資本、外商資本的聯合推動下，中國充分發揮了勞動力資源優勢，以及超大規模的市場優勢和內需潛力，贏得了"世界工廠"的美譽。

　　中國不僅工業門類齊全，很大部分門類產能還擁有巨大領先優勢，比如在聯合國公佈的 500 餘種主要工業產品中，中國有 220 多種產品產量位居世界第一。這就為中國工業互聯網提供了廣闊的發展空間。此外，中國在高鐵、核電、智能電網、通信設備等高端製造方面位居世界前列，從而為中國發展工業互聯網帶來了多種自主可控的高端智能聯網終端。

　　（2）網絡信息技術產業基礎不斷夯實。

　　在網絡信息技術產業基礎設施方面，中國擁有全球規模最大的 4G 網絡，全國 98% 的行政村通 4G 信號。截至 2019 年底，中國基站總數超過 841 萬個，其中 4G 基站佔比 64.7%，約為 544 萬個，5G 基站總數超過 13 萬個。

　　同時，中國建成了多個全光網省、全光網市，截至 2019 年 9 月底，3 家基礎電信企業的固定互聯網寬帶接入用戶達 4.5 億戶，比上年末淨增 4248 萬戶。其中，光纖接入（FTTH/O）用戶 4.11 億，佔固定互聯網寬帶接入用戶總數的 91.4%，遠高於經濟合作與發展組織（OECD）國家的平均水平[1]。

在網絡信息技術產業技術創新方面，中國雲計算、物聯網、移動通信、高性能計算等關鍵領域實現重點突破：5G 實現大規模應用近在眼前；中國是窄帶物聯網（NB-IoT）的主要推動者與標準制定者；大數據處理能力與雲計算集群規模處於世界領先水平。

在網絡信息技術產業發展方面，騰訊、阿里巴巴等中國互聯網巨頭擁有強大的國際競爭力，截至 2019 年 10 月底，中國共有 3 家上市互聯網企業進入全球市值前十強。華為、小米等智能終端企業產品遠銷海外。

（3）融合基礎不斷深化。

中國企業信息化應用水平有了長足進步，比如：鋼鐵、醫藥、紡織、石化、煤炭、有色金屬等行業的關鍵工藝流程數控化佔比高達 65% 以上，ERP 應用率佔比達 70% 以上；數字化設計工具在航空航天、機械、汽車、軌道交通、船舶等行業的普及率達 85% 以上。

同時，越來越多的傳統企業開啟互聯網化轉型，三一重工、徐工集團等國產製造巨頭也已經在打造工業互聯網雲平台，如前者打造了"根雲"平台，後者打造了"漢雲"平台。雖然這些平台距離國際工業互聯網平台仍有一定差距，但得益於中國龐大的市場空間以及優良的發展環境，它們目前已經初具規模。

（4）政策基礎不斷完善。

中國政府在"中國製造 2025"、"十三五"規劃綱要、《關於深化製造業與互聯網融合發展的指導意見》、《關於積極推進"互聯網+"行動的指導意見》等多份文件中對推進工業互聯網建設進行了突出強調。工業和信息化部積極開展推進工業互聯網重大問題研究工作，指導成立了工業

1　數據來源：《2019 年中國寬帶發展白皮書》。

互聯網產業聯盟，推出了多項工業互聯網試點示範項目（僅 2018 年便確立了 72 項），從而對中國工業互聯網發展產生了巨大推力。

上海、遼寧等工業較為發達的省（市）政府也積極為工業互聯網發展保駕護航，以上海市為例，上海市大力推進實施上海工業互聯網 "533" 創新工程：構建 "網絡、平台、安全、生態、合作" 五大體系，落實 "功能體系建設、集成創新應用、產業生態培育" 三大行動，實現 "全面促進企業降本提質增效、推動傳統產業轉型升級、助力國家在工業互聯網發展中的主導力和話語權" 三大目標，全力爭創國家級工業互聯網創新示範城市，並帶動長三角世界級先進製造業集群發展。[1]

二、深入推進工業互聯網面臨較大挑戰

雖然中國工業互聯網發展整體向好，巨頭企業創新引領，技術標準研究制定進程持續加速，國際交流合作不斷深化。但我們也應該認識到工業互聯網產業是一個龐大的綜合性產業，而且中國工業整體 "大而不強"，因此，在推進工業互聯網發展過程中，中國還必須克服以下阻礙：

（1）產業 "大而不強"。

工業網絡化、智能化發展水平，對工業互聯網發展有直接影響。目前，中國不同地區、不同行業的工業發展水平有明顯差距，部分地區與行業的工業發展水平甚至仍處於工業 2.0 階段，如果想要發展到 4.0 階段，就必須先發展到 3.0 階段。

中國關鍵領域（如系統、軟硬件等）技術自主創新能力匱乏，尤其是工業雲、工業大數據等工業互聯網關鍵技術與平台尚處於探索階段。同時，中國無論是擁有整體綜合解決方案與全領域覆蓋能力的巨頭企業，還

1　資料來源：《上海市工業互聯網產業創新工程實施方案》。

是在工業技術與信息通信技術領域同時具有領先優勢的領軍企業，抑或是各細分領域的"隱形冠軍企業"，數量都較少，從而限制了中國工業互聯網產業的發展。

（2）跨界合作不足。

中國製造企業與互聯網企業合作交流相對較少，而且以流通、銷售、服務等非技術類的合作項目為主，對提高製造業核心競爭力的作用相對有限。高端製造業普遍有極高的技術門檻，一些表面上相似的領域，實際上存在極大的技術差異性。

例如，同屬機器人範疇的服務機器人與工業機器人在技術實現方面有明顯差異，因為前者是以 AI 為核心，而後者則是以控制為核心。這種情況下，互聯網企業與服務機器人企業積累的成功經驗很難直接應用到工業機器人項目中。而且大部分製造企業採用的是重資產運營模式，在商業模式不清晰的情況下，它們不願意嘗試轉型。

製造行業與互聯網行業的特性存在較大差異。製造行業投入成本高、投資回報周期長，也不像消費互聯網行業可以輕易擁有上百萬的產品用戶，從而不能發揮網絡效應。而互聯網企業對網絡效應依賴性較高，如果不能發揮網絡效應，它們自然也不願意與製造企業合作。

此外，互聯網企業的能力供應並不能很好地滿足製造企業的業務需求。互聯網企業提供的普遍是通用性服務，然而製造企業的需求尤其是研發生產方面的需求更多的是專用性需求，從而降低了互聯網企業與製造企業的合作意願與成功率。

（3）部署實施困難較大。

時任工業和信息化部部長苗圩指出，傳統產業佔規模以上工業增加值的 80%，仍然是工業經濟的主體。受宏觀經濟影響，很多工業企業面臨較大的生存壓力，從而限制了其在工業互聯網技術研發與應用方面的投入。

同時，中國高新技術產業與戰略性新興產業整體規模相對較小，在工業中的佔比相對不足，從而無法充分體現工業互聯網等高新技術對工業發展的促進效果。

　　此外，中國高端人才以及創新要素相對缺乏。雖然中國已經是世界第二大研發經費投入國家，但基礎研究與應用研究佔比較低。研發經費主要用於基礎研究、應用研究、實驗發展三大方向，其中，基礎研究與應用研究是偏原理的研究，很難像實驗發展般直接創造經濟效益，但科技創新不能是無源之水，原理研究投入不足，很容易導致後續創新乏力。

推動工業數字化轉型升級

　　目前，全球工業互聯網尚處於探索階段，美國、德國等發達國家雖然有領先優勢，但它們的領先幅度相對有限，因此，中國工業互聯網存在巨大發展空間。具體來看，未來中國可以從以下幾個方向著手推進工業互聯網發展，如圖 15-2 所示。

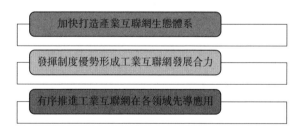

加快打造產業互聯網生態體系

發揮制度優勢形成工業互聯網發展合力

有序推進工業互聯網在各領域先導應用

圖 15-2　推進工業互聯網發展的具體措施

一、加快打造產業互聯網生態體系

推進工業互聯網發展是一個龐大複雜的系統工程，對整體規劃與生態佈局要求較高，需要重視供需對接、跨界合作、各企業協同發展、科技創新與人才培養並舉。美國、德國、日本等國家的實踐案例皆證明了這一觀點。對於中國而言，中國工業體系完備，應用場景與需求更為複雜，更需要重視供需對接與跨界合作。

中國政府應加快研究制定推動互聯網企業與製造企業跨界合作的利好政策，培育一批具有示範帶動效應的開源社區、融合型產業聯盟、製造業創新中心，鼓勵製造企業與互聯網企業加強交流合作，共同攻堅大數據、物聯網、人工智能、工業控制等關鍵技術，並加快推進數據接口、數據平台、網絡互聯、安全防護等方面的標準化工作。

同時，中國政府還應為需求方與供給方搭建便捷、高效的連接通道，堅持"應用導向""提高系統集成能力與綜合服務能力"原則，優先培育一批擁有自主品牌的工業互聯網系統方案供應商與應用服務商，從而吸引更多的製造企業實施智能化轉型，為工業互聯網產業發展增添新活力。

二、發揮制度優勢形成工業互聯網發展合力

中國工業互聯網發展基礎較弱，想要彌補這種不足，就需要利用好中國社會主義市場經濟條件下集中力量辦大事的體制機制優勢。具體而言，中國政府應該做好頂層設計工作，進一步加大重大、共性技術領域的資金投入；深化行政審批制度改革，建立滿足推動工業互聯網發展需求的政策體系，支持工業互聯網產業相關產品、業務及模式的發展，為相關企業營造優良的發展環境；藉助負面清單、權力清單、責任清單模式，著力完善兜底線、促公平的監管體系，有效增強工業互聯網安全保障。

三、有序推進工業互聯網在各領域先導應用

　　中國工業門類複雜多元，再加上部分地區、部分行業需要補上工業3.0 的課，因此，在研究制定工業互聯網發展政策時，中國政府需要充分考慮不同地區、不同行業甚至不同企業的個性化需求，在確定試點示範項目前充分做好評估論證工作，確保其具有足夠的代表性，以便摸索出真正適合各地區、各行業及各企業實際需要的發展模式。

　　需要注意的是，交通、能源、農業等很多行業與工業聯繫非常緊密，這些行業也像工業一樣需要藉助互聯網的力量推動產業的轉型升級。IIC等國際工業互聯網聯盟將推動工業互聯網發展的經驗推廣到了智慧城市、智慧電網、智慧醫療、智慧能源等領域，並初步取得了良好效果。因此，中國政府及產業聯盟等不妨向其學習借鑒，從推進工業互聯網發展過程中摸索產業互聯網發展模式、路徑等，從而為交通、能源、農業等行業的發展提供巨大推力。

第 16 章

平台賦能：驅動企業數字化

工業互聯網平台架構

近年來，中國工業化進程日漸提速，人力成本與生產製造原料成本不斷攀升，消費者越發重視產品工藝與品質，企業發展方式逐漸從要素驅動、大規模生產轉變為創新驅動、質量提升。同時，傳感器、存儲設備、感知設備、傳輸網絡等工業設備設施持續迭代，再加上現代科技的廣泛應用，推動著產品製造過程、生產方式、服務模式等不斷創新。這種背景下，製造企業必須積極擁抱新變化、新技術、新趨勢，搭上工業互聯網"快車"，加快自身的數字化轉型。

在工業和信息化部指導下，工業互聯網產業聯盟對工業互聯網術語與定義進行了匯總，編制了《工業互聯網術語與定義（版本 1.0）》報告（以下簡稱報告）。在報告中，工業互聯網被定義為"滿足工業智能化發展需求，具有低時延、高可靠、廣覆蓋特點的關鍵網絡基礎設施，是新一代信息通信技術與先進製造業深度融合所形成的新興業態與應用模式"。

工業互聯網使原材料、產品、機械設備、控制單元、信息系統以及人實現互聯互通，利用對工業數據的全面深度感知、實時傳輸交換、快速計算處理與高效建模分析，有效推動運營控制、運營優化等生產組織方式革新。

報告將工業互聯網平台定義為“面向製造業數字化、網絡化、智能化需求，構建基於海量數據採集、匯聚、分析的服務體系，支撐製造資源泛在連接、彈性供給、高效配置的工業雲平台”。工業互聯網平台可以廣泛採集數據、支持海量工業數據的深度處理與分析，從而幫助企業沉澱和復用知識。

　　泛在連接、雲化服務、知識積累、應用創新是工業互聯網平台的重要特徵。從功能方面來看，工業互聯網平台不但有智能感知、網絡傳輸、智能應用等通用物聯網平台功能，還能夠對生產現場各要素進行科學有效的計劃、組織、協調、控制與檢測，始終確保其處於良好的結合狀態，助力實現安全、高效、文明生產。工業互聯網平台架構主要包括基礎設施層、支撐平台層與工業應用層三大部分，如圖 16-1 所示。

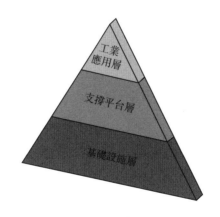

圖 16-1　工業互聯網平台架構

一、基礎設施層

　　由採集設備與網絡基礎設施構成的基礎設施層處於工業互聯網平台的

最底層。其中，採集設備可細分為 RFID（Radio Frequency Identification，射頻識別）、傳感器等技術與設備，它可以將設備接入並集成至雲端，通過協議轉化確保海量工業數據的互聯互通與互操作。網絡基礎設施可細分為服務器、存儲器、網絡設施等基礎設施，它可以通過邊緣計算技術進行數據預處理（如剔除錯誤數據、緩存數據等）與邊緣實時分析，從而有效緩解網絡傳輸負載與雲端計算壓力。

二、支撐平台層

由製造管理平台、物聯網技術平台、大數據處理平台構成的支撐平台層處於工業互聯網平台的中間層位置。支撐平台層在工業互聯網平台中的作用主要是為工業用戶提供數據管理與分析服務，積累各行業、各領域的技術、知識、經驗等資源，並對資源進行封裝、固化與復用。此外，工業互聯網平台還能將資源以工業微服務的形式提供給開發人員。

製造管理平台的主要功能是建立業務模型、數據模型、流程引擎與各種開發工具，從而使企業獲得各類工業應用軟件。物聯網技術平台的主要功能是幫助設備接入網絡，並對數據進行存儲及處理。大數據處理平台的主要功能是從海量設備數據中挖掘出有較高價值的數據，從而為企業的運營管理（如生產安全監控、能耗分析、故障診斷等）提供有效指導與幫助。

三、工業應用層

工業應用層的主要功能是通過雲化軟件的形式，為工業用戶提供一套完善的製造應用與創新性應用服務，比如專家診斷、設計仿真、生產管控、業務協作等。以專家診斷為例，專家診斷可讓製造企業及時找到設計、生產、裝配、試驗、售後等環節的問題，並給出針對性的建議，促進企業的精益化、規範化生產。

工業互聯網平台類型

　　按照服務對象與應用領域，我們可以將廣義的工業互聯網平台分為資產優化平台、資源配置平台與通用使能平台三大類，如圖 16-2 所示。下面我們對這三類工業互聯網平台的特徵、作用等進行分析。

圖 16-2　工業互聯網平台類型

一、基於製造雲的資產優化平台

　　該平台是打造未來製造業核心競爭力的重要組成部分，主要功能是管理工業設備資產，主流玩家是工控企業與大型設備生產商。在管理工業設備資產過程中，該平台將利用傳感器、移動互聯網等技術搜集終端設備、環境等數據，並通過 AI、大數據等技術在雲端分析設備運行狀態、性能狀況等，推動企業的智能化生產與決策。

二、基於製造雲的資源配置平台

　　該平台可增強區域協同與產能優化，並支持以 C2M 定製為代表的一系列新型業務，它能將製造企業的閒置製造能力提供給需求方，從而提高其資源利用效率。

　　該平台利用雲接入、雲處理等技術將海量無序、離散的工業數據、模型算法、研發設計等資源與能力整合起來，幫助製造企業完善資源管理、生產製造、業務流程、供應鏈管理等諸多環節，實現製造企業與外部用戶需求、創新資源及生產能力的無縫對接。

三、通用使能平台

　　該平台主要為上述兩類平台提供基礎性、通用性的雲計算、物聯網及大數據服務。例如，在該平台的幫助下，物聯網開發團隊將免除下層基礎設施擴展、數據管理與歸集、通信安全、通信協議等困擾，實現物聯網應用的快速開發、部署及管理應用。

　　工業互聯網幫助上述三類平台與物理載體實現了直接或間接的連接。其中，終端設備、生產過程是資產優化平台的直接優化對象，它可與底層物理設備進行深度交互，對技術積累與智能裝備發展水平提出了相對較高的要求；資源配置平台具有較高的垂直行業屬性，其建設難點在於必須具備高水平的信息化集成應用與供應鏈管理水平；而建設通用使能平台的重點是確保工業互聯網產業體系的基礎設施相對完善。

四大主流應用場景

一、面向工業現場的生產過程優化

　　在工業生產過程中，企業可以利用工業互聯網平台對現場生產數據（如設備運行數據、工業參數、質量檢測數據、物料配送數據、進度管理數據等）進行快速採集，並通過數據分析為製造工藝、生產流程、設備維護、能耗管理、質量管理等方面的優化完善提供有效指導與幫助。

- 在製造工藝方面，企業可以藉助工業互聯網平台來分析工藝參數、設備運行狀態等數據，從而對製造工藝的細節進行優化完善，提高產品品質。
- 在生產流程方面，企業可以利用工業互聯網平台來分析生產進度、物料管理等數據，從而提高排產、物料、人員等方面的管理水平。
- 在質量管理方面，企業可以利用工業互聯網平台來開展產品檢測數據與過程數據（如人員、機器、原料、方法、環境等）的關聯性分析，從而實現線上質量檢測與異常分析，有效降低次品率。
- 在設備維護方面，企業可以利用工業互聯網平台來分析設備歷史數據及實時運行數據，從而監測設備運行狀況，並在設備存在故障隱患或發生故障時，及時通知維修人員維修。
- 在能耗管理方面，企業可以利用工業互聯網平台對工業生產各環節、各設備的能耗進行分析，為企業能耗優化提供建議，降低企業經營成本。

二、面向企業運營的管理決策優化

在企業運營管理過程中，企業可以利用工業互聯網平台對生產現場數據、企業管理數據、供應鏈數據等進行分析，來提高自身的經營管理效率，實現精益化管理。

- 在供應鏈管理方面，企業可以利用工業互聯網平台實時監測現場物料消耗情況，並結合庫存情況，自動向供應商下單，這不但能確保物料及時供給，還能避免出現庫存積壓。

- 在生產管控一體化方面，企業可以利用工業互聯網平台集成業務管理系統、生產執行系統等，將現場生產與企業管理融為一體，提高企業管理水平。

- 在企業決策管理方面，企業可以利用工業互聯網平台來對企業內部數據與外部市場數據進行綜合分析，從而提高企業決策效率，並降低決策失誤率。

- 在企業決策管理場景中，工業互聯網通過對企業內部數據的全面感知和綜合分析，有效支撐企業的智能化檢測。

三、面向社會化生產的資源優化配置與協同

在促進資源配置優化，推動社會化生產方面，在工業互聯網平台的幫助下，製造企業可以與外部的技術供應商、物料服務商、原料供應商等協同合作，從而打通原料、設計、製造、物流、服務等環節，顯著提高產品與服務質量。

- 在協同製造方面，供應鏈平台可以集成設計企業、生產企業、供應鏈企業的業務系統，從而縮短產品生產周期，提高資源利用效率。

- 在製造能力交易方面，工業互聯網平台可以將製造企業的閒置製造能力開放給外部需求方，這既能滿足個體與組織的分散、個性的生產需要，還能為製造企業增加訂單。

- 在個性化定製方面，工業互聯網平台可以將製造企業與終端消費者無縫對接，從而實現按需生產、定製生產。

四、面向產品全生命周期的管理與服務優化

在產品全生命周期管理方面，工業互聯網平台可以對產品的設計、生產、運行等數據進行全面管理，使企業可以為用戶提供產品流通溯源、產品維護等產品全生命周期服務，並幫助企業利用用戶反饋數據對產品進行更新迭代。

- 在產品溯源方面，企業可以通過工業互聯網平台記錄產品的設計、生產、物流、服務等信息，形成產品檔案。有需求的消費者可以在平台上查詢相關信息，從而對產品有更為深入的認識，並確保產品質量與安全等。
- 在產品在線維護方面，工業互聯網平台可以實時分析產品的歷史數據與實時數據，從而幫助企業對產品進行在線維護，有效提高用戶體驗。
- 在產品更新迭代方面，工業互聯網平台可以將用戶數據的分析結果及時反饋給企業，從而幫助企業對產品進行持續升級和迭代。

構建工業互聯網生態圈

一、推動製造企業上雲

新一代信息通信技術從消費環節向製造環節拓展，為工業互聯網平台

的出現提供了優良的應用環境。未來，製造企業想要在激烈的競爭中脫穎而出，必須加快推進自身信息化、數字化建設，積極實施"企業上雲"戰略；對 IT 架構進行持續優化，大力發展服務企業內部的智慧經營管理平台與私有雲平台，以及服務企業外部的客戶與用戶的共有雲平台；積極對網絡基礎設施、數據資源、信息系統、製造設備工具等資源進行雲化改造，將資源共享、協同應用及系統集成的成本降低到可接受範圍。

二、開展設備智能化改造

製造企業需要積極引進機器人、智能機床等智能裝備，並對現有設備進行智能化升級，積極開展機器設備工業級組網建設；重視智能製造技術積累與相關人才培養，對設備、人員、工具、零部件等製造資源進行充分整合與利用，提高協同製造能力與設備利用率；實時採集並分析生產狀況、生產質量、設備狀態、能源與物料消耗等信息，確保產品檢測、質量檢驗與分析、生產物流等與生產過程的閉環集成。

三、加強數據互通與共享

實現各類數據尤其是工業設備級數據與設備操作級數據的互聯互通，是工業互聯網得以落地應用的必備條件。為此，製造企業必須加快完善工業級數據標準化體系，推動協議轉換與設備聯網，增強自身的數據搜集、分析及安防能力，發展跨領域的數據互通、資源協同、平台互聯及業務互認，最終實現數據驅動創新。

四、構建互聯網良性生態

想要打造完善的工業互聯網平台生態，僅憑某家製造企業的單打獨鬥幾乎不可能實現。因此，政府部門與產業協會要做好頂層設計工作，加快研究制定製造企業工業互聯戰略與規劃。比如積極引導製造企業與設備和零部組件供應商、外協生產商、設備製造商、平台供應商、軟件開發商、系統集成商等各方協同合作，從而建立支撐工業互聯網實現可持續發展的優良生態，培育並發展智能生產、網絡協同、服務延伸、個性定製等新興業態，全面助推製造業的轉型升級。

相關企業也應該積極配合政府部門與產業聯盟工作，持續推進自身的雲基礎設施與設備智能改造，增強自身對工業數據的搜集與應用能力；加強數據規範使用，實現數據在企業設備、車間、部門、崗位及合作夥伴間的實時雙向流動，在提高自身市場競爭力的同時，為中國製造業轉型升級貢獻能量。

第九部分

衛星互聯網

第 17 章

衛星互聯網：掀起全球太空競賽熱潮

衛星互聯網"新基建"

2020 年 4 月 20 日，國家發改委創新和高技術發展司司長伍浩在經濟運行發佈會上對新基建中的"信息基礎設施"作了具體闡釋：信息基礎設施是以新一代信息技術為基礎演化生成的基礎設施，如網絡基礎設施、算力基礎設施等，其中網絡基礎設施包括 5G、物聯網、工業互聯網、衛星互聯網等，算力基礎設施包括數據中心、智能計算中心等。在這次發佈會上，衛星互聯網第一次被納入"新型基礎設施"。

繼有線互聯、無線互聯之後，衛星互聯網成為第三代互聯網基礎設施革命的主角。建立低軌衛星星座項目，鋪設太空衛星網絡，利用"太空互聯網"實現地面用戶終端設備互聯互通，做到全方位覆蓋，相當於每個人都擁有一個隨身 Wi-Fi。

一、衛星互聯網的概念內涵

作為一個新興名詞，衛星互聯網在不同文獻中有著不同的定義：

（1）衛星互聯網，又稱"廣播互聯網"，是一種能獨立運行的網絡系統，同時也是互聯網的一個重要組成部分。該網絡系統以 VSAT 系統為基礎，以 IP 為網絡服務平台，以互聯網應用為服務對象，具有強大的廣播功能。

（2）新興衛星互聯網星座，是一種功能強大的巨型通信衛星星座，它不僅能提供廣泛的數據服務，還能實現高效的互聯網傳輸功能，主要包括以下幾項內容：

- 星座規模：是由成百上千顆衛星組成的巨型星座。
- 星座構成：由運行在低地球軌道（LEO）的小衛星構成。
- 提供服務：主要是寬帶的互聯網接入服務。
- 發展互聯網星座的企業：主要是非傳統航天領域的互聯網企業。
- 項目發展的起始時間：2014 年底至 2015 年初。

隨著互聯網的蓬勃發展，人們對網絡通信的要求也越來越高，但仍有一些問題擺在人類的面前，如互聯網的覆蓋仍然會在一些地區受到限制，一些移動用戶應用需要更高速的網絡支持，通信信號容易受到自然災害的影響，網絡資源被廣播類業務佔用過多，等等。而衛星互聯網正是針對地面網絡的不足而建設的。

衛星通信的好處不勝枚舉，如它的覆蓋範圍非常廣、信息容量非常大、不受地域影響、可實現信息廣播等。建立衛星互聯網是重要的地面通信補充手段，一旦將衛星互聯網接入千家萬戶，就能實現"邊遠散"地區、海上、空中的全方位覆蓋，解決多種互聯網服務問題。

二、萬億級規模的戰略意義

衛星互聯網對國家來說具有戰略意義，它直接影響著國家的戰略安全。其在國防領域有助於軍事通信、導彈預警等；在民用領域可擺脫地形、地域限制，實現全方位覆蓋，解決傳統地面通信難以解決的難題。

隨著 5G 商用時代的到來，雲計算將可能邁入太空領域。相較於地面雲計算，太空雲計算將更加高效。衛星互聯網是一種無地域差異的網絡，能覆蓋到地面通信網絡無法覆蓋的區域，無論海上、空中，還是跨境、"邊遠散" 地區，都能正常工作。衛星互聯網可面向全球完成無縫覆蓋，實現全天候萬物互聯，它掙脫了地面通信基站的限制，以衛星星座鑄就新的網絡神話。

"互聯網＋" 時代需要實現萬物互聯，而天基物聯網系統正是實現這一需求的基礎，新一代天基物聯網系統不僅是萬億級規模的新產業，還是維護國家安全的保障。據麥肯錫預測，在 2025 年之前，衛星互聯網的產值保守估計能達到 5600 億美元，最高可達 8500 億美元。

組網和應用是衛星互聯網產業的兩個發展階段。作為前端市場，組網市場除包含衛星的製造、發射等業務外，還包括衛星的聯網、維護業務。隨著硬件的快速投入，衛星的製造和發射業務將率先迎來 "爆發點"。

衛星的組成主要包括衛星平台和衛星載荷。其中，衛星平台供應商是甲方的一級供應商，具有總裝衛星的權能。衛星載荷產業鏈則可能由多家企業共同構成。衛星製造分為組部件製造、分系統製造和衛星整體製造。隨著科技的不斷進步，低軌通信衛星星座的建設周期大大縮短，人們對低成本小衛星的需求也越來越高。

從未來趨勢上看，衛星製造將朝著小型化、模塊化方向發展，小衛星產業將在不久後迅速崛起，這也會帶動衛星製造行業的發展。據 SIA 統計，全球衛星製造在 2018 年的總收入達到 195 億美元，比 2017 年增長 26％。

時至今日，在全球範圍內，仍然存在"無互聯網"地域，這些地區基礎設施嚴重缺失，業務密度十分稀疏，人口約佔全球總人口的49%。也就是說，全球有接近一半的人口存在無網可用的情況。要填補這些區域的網絡空白，建設衛星互聯網是主要手段。

傳統通信網絡無法覆蓋的地方，利用衛星通信技術都能實現網絡覆蓋，而且衛星互聯網基礎設施與地面通信網絡基礎設施相比，不易受到物理攻擊和自然災害的影響，其抗毀性更強，傳輸容量更大，性能更穩定可靠，同時由於不受地形和地域限制，其網絡覆蓋範圍更廣。隨著衛星發射技術的逐漸成熟以及小衛星製造成本的降低，人們可以利用更低的成本來構建大規模衛星互聯網星座體系，這也是實現5G、IoT、M2M的有效方案。

衛星網絡與 5G 網絡的融合

近年來，衛星通信技術得到迅速發展，互聯網的應用環境不斷變化，全球對衛星寬帶接入的需求也不斷增長，農村、山村等邊遠地區的互聯網接入已經成為亟待解決的問題。衛星互聯網開始走上歷史舞台，衛星通信與互聯網的結合將成為未來發展的必然趨勢。與衛星通信系統相比，衛星互聯網的服務對象是互聯網應用，承載平台由統一的網絡層構成，它既是互聯網系統的有效組成部分，又可以作為一個獨立運行的網絡系統。

衛星星座是提供互聯網服務的關鍵，從衛星互聯網的發展歷史來看，衛星星座早已不是什麼新興事物，它的發展已有近30年歷史，只不過由於一些項目尚未實施、中途折腰或應用有限，其發展速度相對緩慢。

隨著近幾年的發展，谷歌、Facebook等互聯網巨頭開始推動和支持創新型企業打造星座系統，如有些創新型企業已經著手計劃打造低軌小衛星星座系統，其中的代表企業包括美國的 Space X、OneWeb 等。無疑，隨著這些衛星計劃的實施，人類在太空領域的競爭愈加激烈，特別是對太空互聯網接入新資源的爭奪，已經掀起了全球性的熱潮。

2017 年，SaT5G 聯盟正式成立。該聯盟致力於設計出一種將衛星網絡和 5G 網絡無縫組合的最佳方案，聯盟的創立者除衛星行業的機構外，還有電信運營商、高校等機構。該一體化信息網絡一旦建成，計劃首先在歐洲進行試用。

2018 年，國際電信聯盟（ITU）為探索 6G 網絡，成立了 Network 2030 研究組。在探索 6G 網絡的過程中，衛星網絡與地面網絡的融合是 Network 2030 研究組的一個重要課題。同年，通信標準化組織 3GPP 成功制定出非地面網絡解決方案，該方案涉及不同類型的衛星，是實現 5G 網絡與衛星網絡相融合的理想方案。該方案不僅能促使衛星網絡與地面網絡相融合，使 5G 服務具有全球覆蓋、移動性、普遍性、可靠性和安全性等關鍵性能，還能使衛星網絡從 5G 網絡的能力中受益，通過相關標準應用來降低終端開發、部署和運營成本。

2019 年，中國 5G 網絡開始步入商用時代。作為極具潛力的新興網絡，5G 具有至高的戰略目標，即實現人與人、人與物、物與物的連接，從而開啟 "萬物互聯" 的新時代，其首要任務是全面實現移動寬帶覆蓋。

衛星通信可以不受地理位置和特殊場合的影響，其覆蓋面積廣、部署迅速，是實現特殊地面通信的有效手段。目前，5G 網絡的部署正在加緊推進，物聯網產業也在不斷發展，許多行業和客戶的需求越來越高，他們希望衛星網絡和 5G 網絡能夠融合，實現全球無縫覆蓋的一體化信息網絡。

當前，中國在高軌衛星的產業儲備上具有一定優勢，也基本明確了低軌衛星的發展規劃，各企業正在積極展開相關的技術研發和產業推進。但同時，中國在衛星互聯網的建設方面也遇到了諸多問題，如跨部門協調難度較大、衛星產業應用起步較晚、產業化水平不高等。因此，中國迫切需要構建完善的衛星產業生態，它可以建立並完善軍民融合發展機制，激發產業發展的積極性和創造性，多方面推動產業各環節協同發展，等等。

衛星網絡與 5G 網絡的融合涉及多方面因素，如頻譜、空口技術、網絡拓撲結構等，這就需要政府、企業、標準化組織、科研機構等相互合作才能完成。中國要憑藉在 5G 產業方面的優勢，積極參與到國際 5G 衛星標準的制定工作之中，爭取獲得 5G 衛星標準制定的主導權。同時，還要積極與歐盟、俄羅斯在衛星互聯網領域展開合作，積極參與相關國際標準的制定，不斷提升中國在衛星互聯網領域的國際影響力。

航天大國的太空戰略競賽

衛星互聯網已經成為各國戰略佈局和競爭的焦點，其原因主要有三個：第一，它具有重要的國家戰略地位；第二，它具有巨大的市場經濟價值；第三，它的軌道、頻譜資源稀缺。

作為航天強國，美國在發展衛星互聯網方面具有很大優勢，其衛星製造行業發達，航天發射技術先進，在國際市場上佔據絕對優勢。另外，美國在許多關鍵產業環節上也處於領先地位，如衛星通信系統的射頻、終端等環節優勢明顯。為推動航天產業發展，美國制定了一系列應對政策，如頻譜共享監管政策、衛星安全間距監管政策等，同時還在這些方面率先制定了嚴格的標準，這些搶佔先機的做法將在未來對其他國家和相關國際組織產生深遠影響。

以低軌通信衛星的軌道為例，由於低軌通信衛星軌道的高度十分有限，頻段高度集中，各國相關的方案中甚至出現了不同星座衛星軌道重疊的情況。為了協調國際衛星軌道和頻率，美國聯邦通信委員會（FCC）做了大量相關工作，這有助於避免惡意競爭和提升衛星技術水平，推動美國民營衛星事業有序、穩步發展。另外，美國還全力推動企業加速衛星發射進度，這有利於其對全球軌道和頻譜資源的搶佔。

在 2025 年之前，美國計劃藉助 OneWeb、Space X 等公司在衛星領域的優勢將衛星網絡與 5G 網絡相結合，實現全球網絡的覆蓋，這可能幫助美國在中美 5G 競賽中獲得優勢。

為確保衛星網絡與 5G 網絡的精準融合，歐洲航天局（ESA）提出了"5G 衛星計劃"，分階段、標準化地展開行動。歐盟還提出強制要求 ——"自 2022 年 3 月 17 日起，凡是進入歐洲聯盟市場銷售的所有智能手機，均應具備接收伽利略（歐盟研製和建立的全球衛星導航定位系統）信號的能力"。

中國商業航天雖然起步較晚，但現已步入正軌。目前，中國新興衛星製造企業紛紛推出商業衛星星座計劃，一些企業已完成了數顆衛星的成功發射。據相關統計，中國企業計劃在未來 3 年內發射升空的微小衛星總數大約有 300 顆，如果每顆衛星的平均重量為 100 千克，發射衛星的價格為每千克 2 萬美元，那麼僅國內微小衛星發射就可創造 2 億美元的市場規模。

中國從事衛星製造的企業及單位主要有：國有航天軍工集團、中國航天科技集團、中國航天科工集團、中國科學院微小衛星創新研究院、歐比特、天儀研究院、銀河航天、九天微星、微納星空等。近年來，微小衛星製造成為國有企業和民用航天企業的重要發展方向，各企業積極參與和聚焦小型衛星製造，並迅速成長起來。

其中，國有航天軍工集團、中國航天科技集團、中國航天科工集團是衛星製造領域的龍頭企業，能夠製造各類衛星，其優勢主要體現在技術創新、資金配套、重大航天科技項目和基礎設施等方面。

衛星發射業務主要包括兩個部分：發射場服務和火箭研製。據 SIA 統計，全球衛星發射業務在 2018 年的收入為 62 億美元，比上一年增長 34％。未來幾年內，低軌衛星發射量將持續增長，發射業務收入也將保持較快增長。

2019 年 6 月 10 日，國家國防科工局與中央軍委裝備發展部聯合發佈《關於商業運載火箭規範有序發展的通知》。該通知明確了商業發射的地位，規範了商業發射的科研、生產、試驗、發射、安全和技術管控等生產經營流程，杜絕了模棱兩可的情況，對行業的健康、有序發展起到了積極作用。

近年來，隨著全球衛星互聯網絡的快速發展，中國對星座軌道、頻譜資源的需求不斷增長。未來，中國的通信衛星很可能會面臨無頻可用的尷尬局面，所以，加快衛星網絡資源的申報和儲備是當務之急。

中國低軌衛星互聯網戰略佈局

通信衛星根據軌道高度的不同一般可分為三類：第一類是低軌衛星（LEO, Low Earth Orbit），軌道高度為 500～2000 千米；第二類是中軌衛星（MEO, Medium Earth Orbit），軌道高度為 2000～36000 千米；第三類是高軌地球同步衛星（GEO, Geosynchronous Earth Orbit），軌道高度為 36000 千米。

其中，低軌通信衛星是當前產業發展的熱點。低軌通信衛星具有通信時延短、數據傳輸率高、覆蓋範圍廣等優點，更易實現手機類小型用戶終端設備的鏈接，所以更適合大眾市場。

在低軌通信衛星系統發展之初，企業面臨著許多技術和成本上的問題，但隨著通信技術和電子元器件製造的發展，這些制約低軌通信衛星系統發展的問題正在逐步得到解決。

• 衛星的設計趨於小型化。重量輕、體積小的衛星設計成本較低，發射風險較小。同時，商業組件逐漸成為衛星項目中的主流元件，這有利於衛星的批量化、規模化製造。這些因素都能大大降低衛星的研製成本，縮短衛星的生產周期。例如，Space X 所製造的衛星可以將質量控制在 200 多千克，而美國 OneWeb 每月可以生產的小衛星約有 40 顆。

• 火箭發射技術實現了重大技術突破。Space X 公司不僅掌握了火箭回收利用技術，還掌握了"一箭多星"技術，這些前沿技術可以大幅度降低衛星的發射成本，提升衛星的實際經濟效益。據報道，Space X 計劃用一架火箭將 60 顆衛星送入軌道，OneWeb 公司可以實現一架火箭搭載 36 顆小衛星。

• 衛星接收終端趨於小巧化、手持化。近年來，隨著通信技術的快速發展，衛星信號的抗干擾和抗衰減能力有了大幅提升，同時由於 Ku/Ka 等高頻段的普及，衛星接收終端的信號捕捉能力更加強悍，這有利於接收終端朝著體積小、重量輕的方向發展。市場上，人們更青睞低功耗、寬帶化、體積小、質量輕的衛星信號接收終端，這也反過來促使衛星系統朝著小型化、低軌道、覆蓋面積廣、系統容量大的方向發展。

一、各國政府和產業界雙輪驅動

低軌寬帶衛星系統在政府企業網絡、軍事通信、基站中繼、航空機載、海事通信等方面有著廣泛的應用。太空網絡在軍事上原本只是作為支援陸海空作戰的輔助工具，但現在它在戰爭中的作用逐漸凸顯，國家要想掌握未來戰爭的主導權，就必須掌握衛星互聯網，佔領太空的新陣地。衛星互聯網能幫助終端用戶在不同國家之間實現跨境訪問互聯網，同時也能在特定場景下替代海事衛星等高成本通信手段，實現海上、空中、邊遠地區的低成本寬帶網絡接入。

衛星互聯網現已被各個國家視為戰略發展的重要組成部分，其在國防領域具有舉足輕重的地位，由於它的空間頻軌資源十分稀缺，同時又具有巨大的市場經濟價值，所以成為各國關注的焦點，各國企業為了搶佔發展先機，爭相發佈衛星通信網絡建設計劃。

國際對衛星軌道和頻率資源的分配遵循“先申報先使用”原則，各國通過發展衛星互聯網開始積極搶佔空天資源。衛星軌道和頻率資源有限，而衛星互聯網計劃中對衛星星座的部署動輒需要上千顆的衛星，各國衛星通信企業之間的競爭十分激烈，為了緩和資源和資金缺口，各國企業開始展開多元合作和持續融資。

衛星互聯網在產業層面的發展穩步推進。許多商業衛星公司，比如OneWeb、Space X 等為了實現衛星互聯網的商業化，不斷吸納社會資本，並對衛星的頻譜和軌道資源進行優化佈局。還有不少大型互聯網企業，如谷歌、Facebook 等通過投資與合作加入到衛星互聯網的發展浪潮中。

近幾年，低軌寬帶衛星星座項目變得炙手可熱，不同國家的企業紛紛制訂相關計劃，具有代表性的企業主要集中於美國、中國、俄羅斯、加拿大、英國等衛星技術較強的國家。在這些項目方案中，計劃發射的衛星總數高達 2 萬多顆。目前，全球低軌寬帶衛星項目已經進入大規模部署階段：美國 Space X 公司在 Starlink 計劃的初期計劃發射衛星 1.2 萬顆；美國 OneWeb 公司已經將首批 6 顆衛星送入軌道；中國的鴻雁、虹雲等企業也已發射試驗衛星。

通信衛星的正常運行需要軌道和頻譜資源的支持，而要想獲得這些資源，就需要率先制訂低軌寬帶衛星項目計劃，提前申請頻率和軌位。目前，各國企業紛紛加快發射進程，爭相搶奪衛星互聯網發展的先機。全球主要國家低軌衛星項目的進展情況如表 17-1 所示。

表 17-1　全球主要國家低軌衛星項目的進展情況

項目	國家	衛星規模	進展與計劃
OneWeb	美國	一期規模共 648 顆衛星	2019 年 2 月開始發射衛星，計劃 2020 年開始提供商業服務，2021 年提供全球服務
Space X Starlink	美國	一期規模共 4409 顆衛星，計劃發射 1.2 萬顆衛星	2019 年開始發射衛星，2020 年開始提供全球服務，計劃 2024 年完成一期發射計劃
LeoSat	美國	一期規模共 108 顆衛星	2019 年開始發射衛星，計劃 2020 年開始提供全球服務
TeleSat	美國 / 加拿大	一期規模共 117 顆衛星	2018 年開始發射衛星，2019 年與谷歌的熱氣球項目（Loon）和藍色起源的運載火箭合作，計劃 2022 年提供全球服務
鴻雁	中國	一期規模共 60 顆衛星，計劃發射 300 顆衛星	2018 年 12 月發射首顆衛星，計劃 2022 年完成一期建設並投入運營，2025 年完成二期建設覆蓋全球
虹雲	中國	一期規模共 156 顆衛星	2018 年 12 月發射首顆衛星，計劃 2020 年覆蓋中國和亞太，2022 年完成星座部署，具備全面運營條件後，可提供全球無縫覆蓋的寬帶移動通信服務

二、中國低軌衛星互聯網戰略佈局

中國將低軌衛星互聯網納入"科技創新 2030—重大項目"之中，以構建天地一體化信息網絡。該項目的主要研究方向是在衛星網絡和移動網絡之間實現互聯互通。這種一體化信息網絡可以為用戶提供全球覆蓋、隨遇接入、無感切換、安全可信的通信服務。

在中低軌衛星部署方面，國外企業啟動和發展相對較早，現已步入小衛星密集部署階段。中國企業與之相比存在一定差距，要想實現趕超，就需要藉助國家頂層設計和企業分工合作等方式。

- 衛星系統運營及服務：中國衛通是中國唯一的衛星通信運營商，移動、聯通和電信是 NTN 天地網融合地面運營商。
- 地面設備製造：中國衛通和中國衛星是中國主要的地面站設備廠商；華力創通（基帶芯片、終端）、振芯科技（數字處理芯片、基帶芯片、終端）、海格通信（導航基帶芯片、終端）、金信諾（通信終端）及傳統消費電子終端企業是中國主要的地面終端核心芯片廠商；中興通訊、烽火通訊等是中國主要的傳統運營商設備企業。

中國航天科技集團、航天科工集團是中國衛星互聯網建設的領導者，由航天科技集團主導的"鴻雁星座"和由航天科工集團主導的"虹雲工程"是中國兩大低軌通信互聯網系統，也是目前可比肩美國 Starlink、OneWeb等星座計劃的中國工程。

航天科技集團和航天科工集團擁有先進的衛星製造、火箭發射技術，它們不僅是中國航天的中堅力量，還是中國軍備導彈領域的中流砥柱。其雄厚的實力和卓越的科技將為中國衛星互聯網組網建設發揮舉足輕重的作用。

第 18 章

國外衛星互聯網發展現狀與趨勢

高軌寬帶衛星通信系統

　　國際電信聯盟將衛星通信業務劃分成三類，分別是衛星固定通信業務、衛星移動通信業務和衛星廣播通信業務。近十年來，在互聯網和寬帶多媒體通信的推動下，衛星通信不斷朝著寬帶化、網絡化方向發展。許多企業開始對傳統衛星固定業務和衛星移動業務進行模糊化處理，兩者的界限越來越不明顯，衛星通信發展的主流已經演變成寬帶衛星通信的發展。

　　目前，寬帶衛星通信的發展已經成為行業內的焦點，不僅新興的互聯網商業對其予以極大關注，就連傳統的衛星通信公司對其也較為重視。不同的寬帶衛星通信系統基於不同的軌道，這些系統有的已經投入運營，有的正在建設，有的還處於提出方案設想階段，這些系統都能向各自的用戶提供衛星互聯網接入服務，各大互聯網企業在搶佔互聯網寬帶接口方面的競爭愈演愈烈。下文我們分別從高、中、低軌三個方面介紹國外衛星互聯網的發展，在本節內容中我們首先對高軌寬帶衛星通信系統進行詳細分析。

　　高軌寬帶衛星通信系統分為兩大類，一類是面向企業級用戶的通信系統，如早期的 IPSTAR、寬帶全球區域網（Broadband Global Area

Network）、Spaceway-3 等，另一類是面向大眾需求的通信系統，如後期的 Exede Internet。

一、IPSTAR 衛星通信系統

IPSTAR 衛星通信系統發射於 2005 年 8 月，它覆蓋了亞太地區 22 個國家和地區的高軌寬帶業務，是當時全球容量最大的衛星通信系統。IPSTAR 衛星通信系統為用戶提供的高軌寬帶業務主要包括寬帶網接入、多媒體廣播、視頻會議等。IPSTAR 衛星採用 Ku/Ka 混合頻段，為亞太地區提供的波束分別是 84 個 Ku 頻段點波束、18 個 Ka 頻段點波束、7 個地區廣播波束和 3 個 Ku 頻段賦形波束。IPSTAR 衛星通信系統的總帶寬高達 45G，其中 12G 覆蓋中國全境。

二、寬帶全球區域網

寬帶全球區域網可以支持移動業務，它是一種以 Inmarsat-4 衛星為基礎的全球衛星寬帶局域網。該衛星通信系統的工作頻段處於 L 波段，上行速率是 72～432kbps，下行速率是 216～432kbps，全球陸地覆蓋率高達 85%，主要服務類型包括視頻直播、寬帶網絡接入等。寬帶全球區域網主要實現了三大轉化，一是從模擬向數字的轉化，二是從傳統電路交換向因特網業務的轉化，三是從窄帶話音數據向寬帶高速數據的轉化。

三、Spaceway-3 衛星通信系統

Spaceway-3 是休斯網絡系統公司於 2007 年建設完成的衛星通信系統。該衛星是世界上首顆具有在軌切換和路由能力的衛星，採用的是 Ka 頻段，具有多波束，總通信容量達 10Gbps，是 Ku 頻段通信衛星的 5～8 倍。其覆蓋面積廣，可覆蓋全美國和加拿大大部分地區，容納 165 萬個用戶

終端。另外，其採用的星上快速包交換技術可以大大縮短網絡傳輸時延。

四、Exede Internet

Exede Internet 的研製和運營方是美國 ViaSat 公司，該系統由兩個寬帶通信衛星組成，分別是 2011 年發射的 ViaSat-1 和 2017 年發射的 ViaSat-2。作為目前全球容量最大的高軌寬帶衛星通信系統，Exede Internet 的兩顆衛星在容量和覆蓋面積上具有明顯優勢，其中，ViaSat-1 總容量達 140 Gbps，下載速率為 12 Mbps，採用 Ka 波段點波束技術，可容納 200 萬個用戶終端。ViaSat-2 衛星的總容量是 300 Gbps，下載速率為 25 Mbps，可容納 250 萬個用戶終端，覆蓋面積為 ViaSat-1 的 7 倍，它也是目前波音公司發射的最大衛星。此外，由 3 顆衛星組成的 Viasat-3 將會在 2019 年以後發射，每顆衛星的容量是 ViaSat-2 的 3 倍，達到 1Tbps，當這 3 顆衛星正式工作後，幾乎能覆蓋全球。

中軌衛星互聯網星座

O3b 計劃是中軌衛星互聯網星座的主要代表。所謂 O3b，意思是"其他 30 億"（Other 3 billion）。O3b 計劃的制訂由 3 家公司聯合完成，它們分別是互聯網巨頭谷歌公司、滙豐銀行以及有線電視運營商 Liberty Global。這 3 家公司聯合組建了 O3b 網絡（O3b networks）公司，為解決全球剩餘 30 億人因地理、經濟等因素不能上網問題而奮鬥。

2013 年 6 月，O3b 公司陸續將 8 顆 MEO 衛星送上太空。這 8 顆 MEO 衛星組建的網絡採用 Ka 頻段，每顆衛星下載速率為 12 Gbps，共可覆蓋 7 個區域。2014 年 9 月，由 8 顆衛星組建的網絡開始全面運轉，該網絡具有強大的服務能力，如可為用戶提供 600Mbps 的中繼帶寬和低於 150ms 的時延能力。2014 年 10 月 18 日，O3b 公司將最後 4 顆衛星送入軌道，由 12 顆中軌衛星組成的互聯網星座最終落成。

2018 年 6 月 8 日，O3b 公司在美國銷售衛星聯通服務的新請求順利獲得了 FCC 的批准。不久，O3b 的 26 顆新增衛星將能為美國衛星互聯網的發展做出貢獻。在新的授權下，O3b 公司正式運營的中軌衛星將能達到 42 顆。O3b 星座原先只能覆蓋到南、北緯 50° 之間的區域，而隨著兼用傾斜和赤道軌道的新增衛星的加入，其覆蓋範圍擴展到地球兩極，成為一個全球性的衛星互聯網系統。

目前，O3b 公司共有 16 顆衛星用以支持中軌寬帶星座網絡。最初發射的 12 顆衛星已經正式投入運營，這些衛星採用非同步軌道，可以提供固定衛星業務，能為亞非拉及中東地區解決互聯網寬帶接入問題。2018 年，O3b 公司新發射了 4 顆衛星，這些衛星在 2018 年 5 月 17 日之後正式投入使用。下文詳細介紹正式運營的初始 12 顆衛星。

一、系統概述

O3b 系統的初始星座位於距地面 8062 千米的赤道圓軌道，可覆蓋全球南、北緯 45° 之間的所有區域，甚至可服務於南、北緯 45°～62° 範圍內的一些地方。O3b 星座系統所擁有的 12 顆初始衛星可以發射 70 個用戶波束，將覆蓋範圍分成 7 個區域，平均每個區域享有 10 個用戶波束。

O3b 星座系統所提供的速率和服務，根據應用領域的不同而不同，其業務應用涉及面較廣，可為能源通信、政府通信、海事通信、地面移動網幹線等多個領域提供服務。

例如，在能源領域，O3b 星座系統可以提供低時延的實時音視頻通信業務、高寬帶遠程資產監控服務等，甚至能為邊緣地區或海上油氣田的工作人員提供生活網絡，幫助他們改善業餘生活。在政府服務領域，O3b 星座系統可以提供高度保密的網絡路線，保障政府工作的安全。在海事應用領域，O3b 星座系統能為遊輪旅客提供流暢的網絡服務，使他們在海洋環境中也能流暢地進行視頻通信和網絡社交，且其網絡體驗足以媲美陸地寬帶體驗。在地面移動網幹線方面，O3b 星座系統能針對不同地面環境為地面移動網幹線提供基站間通信業務。

二、運行方式

在 O3b 星座系統中，衛星以星形組網方式運行，各個衛星之間沒有星際鏈路，全部使用透明轉發方式傳遞信號。整個星座系統的路由交換依託地面信關站完成，信關站能將衛星信號連接到地面通信網，同時能通過中繼轉接實現用戶之間的通信。

O3b 星座系統有兩大鏈路：一是前向鏈路，即信關站通過衛星到達用戶終端的鏈路；二是返向鏈路，即用戶終端通過衛星到達信關站的鏈路。前向鏈路和返向鏈路都採用 Ka 頻段，帶寬為 216MHz，衛星與用戶終端之間採用用戶波束進行通信，衛星與信關站之間採用饋電波束進行通信。

由於採用的是透明轉發方式，O3b 星座系統可以適用於任何技術體制。該系統提供的服務與傳統的轉發器出租業務相似。不過，隨著衛星的軌道運動，其用戶使用的轉發信號會在不同衛星和波束之間切換，所以用戶使用的轉發器是非固定的。另外，每個波束的指向也是可以調整的。

O3b 星座系統採用熱點覆蓋的方式，由每顆衛星產生 10 個用戶點波束分別覆蓋不同的服務區域。這些波束能根據不同服務區的特點指向目標用戶，例如，若用戶是移動的，這些波束就會進行跟隨移動服務。

為了進一步提高通信吞吐量，O3b 衛星採用了兩大技術：一是基於 TCP/IP 的性能增強代理（PEP），二是遠端站本地緩存技術。2014 年，投入運營的 O3b 衛星互聯網已經能提供超過 500Mb/s 的寬帶網速。O3b 星座系統的運行軌道位於赤道平面，由於其關口站骨幹網可以直接與地面因特網連接，所以不需要太高的運營成本。相應地，其用戶的使用成本也不會很高，用戶們可以在可承受範圍內享受到優質的衛星網絡服務。

三、O3b 衛星星座未來規劃

2017 年 11 月，O3b 公司向 FCC 提出了新的申請報告，計劃將在未來新增 30 顆 MEO 衛星，並以兩種軌道運行。其中，由 20 顆衛星組成 O3bN 系統，運行於赤道軌道。目前，屬於第一代 O3b 星座的 8 顆衛星已獲批准，其中 4 顆於 2018 年 3 月發射，另外 4 顆預計 2019 年發射，已發射的 4 顆衛星與初始 12 顆衛星採用相同的運行頻率。另外新增的 10 顆衛星組成 O3bI 系統，運行於傾斜軌道。

需要明確的是，已獲批的 8 顆 O3bN 衛星屬於第一代 O3b 星座，而剩餘 12 顆 O3bN 衛星和 10 顆 O3bI 衛星屬於第二代 O3b 星座。第二代 O3b 星座的衛星採用全電推進，相比於目前 700 公斤的 O3b 衛星，它的每顆衛星的重量高達 1200 公斤，而且所有衛星採用了更先進的衛星平台技術。

第二代 O3b 星座的衛星具有強大的波束形成能力，每顆衛星可以實時形成超過 4000 個波束，並且兼顧調整、路由和切換等功能，因此可以滿足任何地方的帶寬需要。與第一代衛星相比，第二代衛星的性能明顯提高，雖然第二代衛星的軌道高度沒有改變，但由於引入了 70 度傾角的傾斜軌道，所以幾乎可以實現全球覆蓋。

低軌衛星通信系統

20 世紀 90 年代以後，西方發達國家開始構建低軌衛星通信系統，並經歷了兩次低軌星座發展熱潮。20 世紀 90 年代初，二十多種低軌星座方案被相繼提出，參與制定方案的都是國際上聲名顯赫的大公司，包括摩托羅拉、勞拉、阿爾卡特、波音等。這是低軌衛星的第一次發展熱潮，其主要面向的是個人移動通信服務。其中，代表性的低軌衛星通信系統有 Iridium（銥星）、ORBCOMM、Globalstar 等。

然而，2000 年前後，Iridium、ORBCOMM、Globalstar 系統先後宣告破產，這主要是因為這些衛星系統的建設成本過高且市場定位不夠準確。這些代表性低軌衛星通信系統的失敗對其他項目也產生了影響，相繼終止的項目不勝枚舉。近幾年，低軌星座迎來了第二次發展浪潮，相比於第一次發展浪潮，其規模更大，也更猛烈，代表性的地軌星座有 OneWeb、Starlink 等。這次發展浪潮主要面向衛星互聯網接入服務，其驅動力源自互聯網應用、微小衛星製造和低成本發射等技術的發展。

一、傳統低軌衛星通信系統

（1）銥（Iridium）衛星通信系統。

銥星系統創造了全球多個唯一，如它是全球唯一採用星間鏈路組網的低軌星座系統，也是全球唯一無縫覆蓋的低軌星座系統。

1998 年，Iridium 第一代系統在正式建成後不久就開始投入商業運營，然而，只過了短短一年便宣告破產。後來，"新銥星"公司收購了這一系統。

2017 年 1 月到 2019 年 1 月，銥星第二代系統全部組網完成，該星座系統距地軌道高度為 780 千米，共由 66 顆衛星組成，所有衛星分佈在 6

個軌道面上。Iridium 星座採用 L 頻段，傳輸速率為 1.5 Mbps，運輸式終端速率為 30 Mbps，便攜式終端速率為 10 Mbps。相比於一代衛星系統，Iridium 二代配置了軟件定義可再生處理載荷，為自己的 L 頻段配置了 48 波束的收發相控陣天線，同時又為用戶鏈路增加了 Ka 頻段。在這些技術的加持下，Iridium 二代的功能更多，也更為強大，如它擁有對地成像、航空監視、導航增強、氣象監視等多種功能，擁有更高的業務傳輸速率和更大的傳輸容量等。

（2）ORBCOMM 系統。

1996 年，ORBCOMM 星座計劃正式啟動，其主要提供的是數據通信商業服務。ORBCOMM 星座系統的衛星軌道高度介於 740 千米和 975 千米之間，共有 7 個軌道面，約由 40 顆衛星組成，同時還兼具 16 個地面站。該星座採用 VHF 頻段的用戶鏈路，內部沒有星間鏈路，其衛星質量比第一代系統增加 3 倍，接入能力比第一代系統提升 6 倍。ORBCOMM 系統擁有強大的船舶自動識別功能，是全球最大的天基 AIS 網絡服務提供者。

（3）Globalstar 系統。

Globalstar 系統的商業運營始於 1999 年。該系統採用玫瑰星座設計，共有 48 顆衛星，衛星軌道高度為 1400 千米。Globalstar 的用戶鏈路有兩個波段，分別是 L 波段和 S 波段，為了節約成本，系統採用了無星間鏈路和彎管透明轉發設計。相比於第一代系統，Globalstar 二代系統的傳輸速率有了明顯提高，同時還增加了 ADS-B（廣播式自動相關監視）、AIS、互聯網接入服務等新業務。

二、新興低軌衛星互聯網星座

（1）OneWeb 系統。

OneWeb 系統由 OneWeb 公司提出，該公司的創始人是原 O3b 創始人格雷格·惠勒（Greg Wyler）。OneWeb 公司計劃部署近三千顆低軌衛星用於創建 OneWeb 系統，在計劃初期，該系統主要採用 Ku 頻段的用戶鏈路，之後再向 Ka、V 頻段擴展。

在計劃初期階段，OneWeb 公司準備將 720 顆衛星送入 1200 千米的太空軌道，為了節約成本，OneWeb 系統採用透明轉發方式，其互聯網接入服務主要基於地面關口站。OneWeb 系統每顆衛星的重量不超過 150 千克，且擁有 5 Gbps 以上的容量，即使終端的天線口徑只有 0.36 米，它也能為用戶提供約 50 Mbps 的互聯網寬帶。OneWeb 公司經美國聯邦通信委員會授權，已經可以在美國提供互聯網服務。2018 年 12 月 13 日，OneWeb 公司為了降低 OneWeb 系統的全球覆蓋成本，決定將其初期星座規模縮減至 600 顆。截至 2019 年 2 月 27 日，首批 6 顆衛星已經陸續發射升空。

（2）Starlink 衛星互聯網星座。

Space X 公司是 Starlink 衛星互聯網星座的提出者。該計劃欲將 4425 顆低軌衛星送至 1150 千米高度的太空軌道，將 7518 顆低軌衛星送入 340 千米左右的太空軌道，創建一個擁有約 1.2 萬顆衛星的龐大衛星群。為了更好地實現覆蓋，低軌星座採用 Ku/Ka 頻段的用戶鏈路；為了增強信號和提供更有針對性的服務，低軌星座採用 V 頻段的用戶鏈路。Space X 公司是一家致力於星座運營的公司，它的優勢主要體現在衛星製造方面，而這需要大量的資金支持，因此，為了實現 Starlink 衛星互聯網星座計劃，該公司預計需要融資 100 億～150 億美元。高投入往往預示著高回報，

Space X 公司預計該互聯網星座最終將於 2025 年完全落成，屆時使用用戶將達到 4000 多萬個，年營收額將達到 300 億美元。

（3）LeoSat 衛星互聯網星座。

LeoSat 公司是 LeoSat 衛星互聯網星座的提出者。該計劃欲將 108 顆衛星送入距地面 1400 千米的 LEO 軌道上，該星座共有 6 個軌道面，每個軌道面都由 18 顆衛星鋪就。為了更好地實現高速數據傳輸服務，LeoSat 系統採用 Ka 頻段的用戶鏈路，可提供 1.6Gbps 的帶寬，它不僅具有星間鏈路，還會採用光通信。在用戶群方面，LeoSat 與 OneWeb、Space X 存在較大不同，它主要致力於政府和大型企業的數據傳輸服務，因此，LeoSat 衛星互聯網星座在落成後，預計能為 3000 多家大型企業及機構提供高速數據接入服務。

國外衛星互聯網發展趨勢

隨著衛星互聯網的發展，衛星軌道已經不僅僅限於中低軌道。為了實現衛星互聯網的應用，國外不少新老衛星通信公司、互聯網商業公司提出了許多有特色的寬帶衛星通信系統。下面將從系統規模、系統容量、運行壽命、覆蓋範圍、傳輸時延、寬帶成本、系統建設維護成本、頻率協調八個方面具體分析高軌、低軌衛星應用系統的優缺點，具體如表 18–1 所示。

表 18-1 高低軌衛星應用系統優缺點分析

衛星軌道	系統規模	系統容量	運行壽命	覆蓋範圍	傳輸時延	寬帶成本	系統建設維護成本	頻率協調
高軌	系統規模適中	單星容量較高	運行壽命較長（15 年）	單星覆蓋範圍大，但存在兩極覆蓋盲區，特定地形通信困難	較長	較高	系統規模小，系統建設及維護成本較低	適中
低軌	系統規模龐大	單星容量小，系統容量高	運行壽命較短（5～10 年）	單星覆蓋範圍較小，多星組網可實現全球覆蓋，保證複雜地形區域通信不間斷	短	較低	系統規模龐大，系統建設及維護成本較高	頻率協調難度大，同時需要考慮落地權問題

從表 18-1 中可以看出，兩種衛星通信系統各有其優缺點。相比於高軌衛星通信系統，低軌衛星通信系統的優點在於系統容量更高，覆蓋範圍更廣，網絡時延更短，寬帶成本更低，更易實現手機類小型用戶終端設備的鏈接，方便移動通信。而高軌衛星通信系統擁有更長的運行壽命，系統建設及維護成本較低，頻率協調更容易。在系統容量方面，低軌衛星通信系統比高軌衛星通信系統更具優勢，但是，由於高軌衛星可實現高帶寬容量傳輸，所以其在提供高清直播服務方面比低軌衛星通信系統更具優勢。要建設衛星互聯網星座，需要根據高低軌系統的優越性，統籌兼顧，優勢互補。

總體來看，國外衛星互聯網的發展有以下趨勢：

一、由傳統高軌星座向中低軌星座發展

在國外，企業對衛星互聯網星座的需求正從傳統高軌星座向中低軌星座發展，這是因為中低軌星座的優勢更適合現代通信的需求，如它的終端設備更小，發射功率更低，傳輸時延更短，用戶容量更大，具有用戶多樣性，等等。OneWeb 系統和 Starlink 系統是新興低軌衛星互聯網星座的代表，其中 OneWeb 系統的星座軌道高度為 1200 千米，計劃部署 720 顆衛星，Starlink 系統的星座軌道高度從 340 千米到 1150 千米不等，計劃部署 1.2 萬多顆衛星。中低軌星座的系統規模龐大，但這也是實現全球通信覆蓋的前提。不過，中低軌星座在未來的發展中必定要付出巨大的代價，人類不僅要應對其規模的龐大化，還要應對其系統的複雜化。

二、與地面通信網絡合作發展

早期銥星系統的破產是衛星互聯網星座發展的前車之鑒，因此，許多開發商開始與地面網絡合作，以實現衛星互聯網星座的新發展。新興衛星互聯網星座被看作是地面通信的擴展，它能對光纖無法覆蓋的地區實現全面覆蓋，因此，開發商們更傾向於與電信運營商進行長期合作，從而實現利益的最大化。新一代 GEO 系統可以實現衛星網絡和地面網絡之間的無縫切換，其採用的輔助地面組件技術能通過設置空中接口和工作頻段，幫助用戶終端完成這種無縫切換。

三、全新投融資、市場經營模式

新興衛星互聯網星座的建設和維護需要大量的資金，所以必須通過資本合作的方式來完成。例如，OneWeb 的很多投資者並不是衛星製造公司，比如可口可樂、高通、軟銀集團、空中客車、巴帝企業、維京集團

等，其採用全新的融資模式在第一輪融資時便獲得了 5 億美元的投資，隨後，由日本軟銀集團領投，第二輪融資金額達到 12 億美元。Starlink 衛星互聯網星座的主要投資者是谷歌和富達，融資金額達到 10 億美元。新興衛星互聯網星座的目標用戶逐漸向個人消費者轉化，用戶們可以直接使用智能手機訪問網絡，不需要藉助專用的衛星終端設備訪問網絡。

四、建造衛星製造工廠，批量製造

　　銥星系統破產的主要原因包括以下幾點：一是成本過高，二是研發周期過長，三是用戶負擔過高。這些原因直接導致銥星系統星座建設錯過了最佳發展時機。鑒於銥星系統破產的經驗，開發商在批量生產衛星方面有了新趨勢，他們一方面會通過採用新技術和增加商用工業級器件來降低衛星成本，另一方面會通過模組化生產衛星來縮短衛星製造的周期。在縮短衛星製造周期方面，OneWeb 系統做得非常出色，如開發商通過引入汽車製造的理念實現了衛星系統的模組化製造，這樣一來，衛星製造的周期大大縮短，每週可生產 16 顆衛星，一年可生產 648 顆衛星。

責任編輯　龍　田

書籍設計　道　轍

書　　名　新基建：數字經濟重構經濟增長新格局

著　　者　袁國寶

出　　版　三聯書店（香港）有限公司

　　　　　香港北角英皇道 499 號北角工業大廈 20 樓

　　　　　Joint Publishing (H.K.) Co., Ltd.

　　　　　20/F., North Point Industrial Building,

　　　　　499 King's Road, North Point, Hong Kong

香港發行　香港聯合書刊物流有限公司

　　　　　香港新界荃灣德士古道 220-248 號 16 樓

印　　刷　美雅印刷製本有限公司

　　　　　香港九龍觀塘榮業街 6 號 4 樓 A 室

版　　次　2021 年 10 月香港第一版第一次印刷

規　　格　特 16 開（150 × 210 mm）248 面

國際書號　ISBN 978-962-04-4820-1

　　　　　© 2021 Joint Publishing (H.K.) Co., Ltd.

　　　　　Published & Printed in Hong Kong